ADE RICO, FISIO POBRE

Luis Escudero

Ade rico, fisio pobre
© Del texto: Luis Escudero
© De esta edición: NPQ Editores 2025
www.npqeditores.com

Primera edición: septiembre, 2025

Impreso en España

PEFC

Los papeles que usamos son ecológicos, libres de cloro y proceden de bosques gestionados de manera eficiente.

ISBN: 979-13-87868-06-2
Depósito legal: V-3390-2025

LUIS ESCUDERO

ADE RICO, FISIO POBRE

*Frustración, vocación y supervivencia:
intraemprender en la profesión sanitaria*

A mi familia,
por darme raíces

A mi mujer,
por darme alas

A mis amigos,
por no dudar nunca

ÍNDICE

Prólogo

¿Y AHORA QUÉ?

Conozco a Luis desde hace unos cuantos años y soy consciente de su capacidad para conectar con las personas y su pasión por el trabajo duro. Por eso, cuando me comunicó que estaba pensando en publicar un libro, no hice más que animarle y apoyarle, porque era consciente de que, si finalmente daba el paso, aportaría un contenido diferencial.

Posteriormente, cuando me pidió que hiciera el prólogo no me lo pensé, a pesar de que me encontraba en un momento en el que me parecía imposible exprimir una gota más de mi apretada agenda. Mi esfuerzo por hacer encaje de bolillos con todas mis tareas pendientes tomó todo el sentido del mundo en cuanto leí las primeras páginas del libro que tú tienes ahora mismo en tus manos. Desde el inició sentí una conexión inmediata con la historia que transmite. No porque haya vivido exactamente lo mismo, sino porque reconozco en cada línea algo que, como profesional del rendimiento, veo constantemente en otros y en mí mismo: el peso de la incertidumbre, la falta de preparación para lo que no se enseña entre las materias que se cursan en una carrera universitaria y la importancia de saber quién eres cuando todo se tambalea.

Y es que hay una trampa silenciosa que afecta a muchos profesionales: **confundir lo que hacen con lo que son**. Construimos nuestra identidad alrededor de un título, un cargo o un entorno, y cuando eso desaparece —por un despido, el fin de la carrera profesional, una crisis o una decisión ajena— sentimos que desaparecemos con ello. Pero no somos nuestro puesto de trabajo. Nuestra valía, nuestra capacidad, nuestros valores, nuestra esencia... todo eso está mucho más allá de una consulta, un club o un uniforme.

Este libro no solo habla de fisioterapia. Habla de eso también: **de cómo volver a encontrarte cuando el contexto te empuja a un cambio de rumbo**, de cómo reenfocar tu trayectoria bajo la fortaleza de tu autenticidad.

Y junto a esa reflexión profunda, hay otra que constituye el núcleo del libro: **la enorme carencia de formación empresarial en las carreras sanitarias**. Podemos formar a profesionales técnicamente brillantes, pero si no les damos herramientas para entender un contrato, hacer una factura, analizar la viabilidad de un proyecto o simplemente comunicar su propuesta de valor, los estamos preparando para ser **meros empleados en busca de empleador**.

Bajo mi punto de vista, el sistema educativo debería centrarse en darnos los conocimientos técnicos y administrativos suficientes para que podamos ejercer nuestra profesión de manera autónoma. Sin embargo, aún a día de hoy nos induce a buscar seguridad en estructuras ajenas, pero no a construir las nuestras. A seguir protocolos, pero no a cuestionarlos. A cumplir órdenes, pero no a liderar. Y cuando uno quiere emprender en el ámbito sanitario —ya sea montar una consulta, diseñar una marca personal, captar pacientes o simplemente sostener un negocio estable— se da cuenta de que el título universitario, por sí solo, no basta.

Este libro, justamente, **va a ayudar a los fisioterapeutas y a los profesionales sanitarios a empezar a cubrir ese hueco**. Lo hace desde la experiencia real, desde los errores cometidos y desde la voluntad de que otros no tengan que tropezar con las mismas piedras. Por eso es tan valioso. Porque no solo informa, transforma. Porque no solo habla de fisioterapia, habla de autonomía y libertad.

Gracias por este libro, Luis. Por tu sinceridad. Por atreverte a escribirlo. Por convertir tu historia en una brújula para muchos otros.

Porque este libro, como bien dice el autor, no es solo suyo. Es también el de todos los que, en algún momento, nos preguntamos:

¿Y ahora qué?

JUAN MIGUEL BERNAT ESCUDERO
Psicólogo deportivo

Capítulo 0

REINVENTARSE SIN RENUNCIAR A LA PROFESIÓN: MI CAMINO DE RESILIENCIA

Querido lector, permíteme presentarme. Soy Luis Escudero, fisioterapeuta graduado y colegiado desde 2014. Si alguna vez te has sentido frustrado, agotado o incluso indignado con tu profesión, este libro es para ti. No estás solo. A lo largo de estas páginas, voy a guiarte a través de muchas situaciones personales que quizá ya hayas vivido si llevas años en la profesión, o que pronto experimentarás si acabas de salir de la universidad. Porque si algo nos une a todos los fisioterapeutas y profesionales sanitarios es esa contradicción entre la pasión que sentimos por nuestra profesión y la realidad del sistema en el que nos toca ejercerla.

Pero déjame dejarte algo claro desde el principio: **este libro no es una fórmula mágica para ganar más dinero con menos esfuerzo.** Tampoco es una estrategia de *marketing* para convencerte de que la fisioterapia te hará millonario. Si buscas eso, te ahorraré tiempo: este no es tu libro.

Desde siempre me dijeron que las profesiones sanitarias, y en especial la fisioterapia, se eligen por vocación, no por dinero. «Si quieres hacerte rico, estudia ADE; si decides ser fisioterapeuta... aprende a ser feliz». Y aunque la vocación es innegociable en nuestra profesión, el dinero también importa. Nos guste o no, trabajamos para vivir.

Los profesionales sanitarios en España —como fisioterapeutas, psicólogos, nutricionistas, preparadores físicos, odontólogos o algunas especialidades médicas— sufrimos una profunda frustración a lo largo de nuestra carrera porque nadie nos orientó bien para ajustar expectativas con realidad. Y no me refiero solo a lo económico, sino a que no nos prepararon para ser algo más que profesionales sanitarios y, cuando nos damos cuenta de todos los conocimientos que no controlamos y que necesitamos para mejorar nuestra calidad de vida, nos entran dudas e impotencia.

Aquí es donde quiero introducirte una teoría que cambia la forma en la que entendemos la motivación en el trabajo. Daniel H. Pink, en su libro *Drive. The Surprising Truth About What Motivates Us* (*'La sorprendente verdad sobre qué nos motiva'*, 2009), expone que el modelo tradicional de recompensa y castigo, en el que más sueldo equivale a más motivación, **es ineficaz en profesiones de alta especialización y de trabajos creativos** como la fisioterapia. En su lugar, Pink identifica **tres pilares esenciales** que impulsan la motivación intrínseca laboral:

- **Autonomía**: la capacidad de tomar decisiones sobre nuestro propio trabajo.
- **Maestría**: la búsqueda de la mejora constante en nuestras habilidades.
- **Propósito**: la sensación de que nuestro trabajo tiene un impacto real en los demás.

Y aquí viene el problema: la mayoría de los profesionales sanitarios no tenemos ninguno de estos tres pilares garantizados al salir de la formación del grado. No tenemos **autonomía**, porque estamos sujetos a clínicas que nos imponen horarios, tarifas y condiciones precarias. No tenemos **maestría**, porque formarnos no nos garantiza mejoras salariales ni oportunidades de crecimiento, convirtiéndose en una inversión sin retorno. Y el **propósito**, aunque suene bonito en la teoría, pierde peso cuando te encuentras atrapado en un modelo de sanidad en el que la rentabilidad está por encima del cuidado del paciente. Pero además, si paras y piensas en el futuro, y te preguntas «¿quién me va a ayudar a mí cuando tenga sesenta y cuatro años y siga de autónomo en la clínica de otro?», el propósito, la maestría y la autonomía caen por su propio peso.

Claro que nos gustaría cobrar más; todos trabajaríamos mejor ganando más dinero. Pero el problema no es solo el salario, sino que el esfuerzo no se traduce en mejores condiciones y eso termina agotando al profesional. Sin autonomía, sin recompensa por la mejora profesional y sin una perspectiva de estabilidad a largo plazo, la realidad es que muchos acaban frustrados, desmotivados y con una sensación de estancamiento que en muchos casos se convierte en depresión profesional, como analizaremos en algún capítulo siguiente.

Por eso nace este libro. Como un reflejo de lo que he aprendido en diez años de trayectoria, enfrentándome a las mismas preguntas que tú te has hecho o te harás en algún momento. No vengo a venderte un sueño irreal, sino a compartir una visión honesta y crítica de nuestra profesión, con sus problemas y sus oportunidades.

Y es que desde el primer día que salí de la carrera de Fisioterapia creí que con ser bueno en lo mío me bastaría. Pensé que con esfuerzo, dedicación y formación continua mi camino profesional estaría asegurado. Estaba equivocado. No tardé mucho en descubrir que la realidad era muy distinta. Y por eso, ¡te cuento mi historia para tratar de ayudarte! Porque diez años, siendo pocos, dan para mucho.

Durante nueve años trabajé inmerso en la estructura de un servicio médico profesional del ámbito del fútbol, pasando los últimos cuatro años entre Primera y Segunda División. Desde fuera era idílico. El prestigio de trabajar en un club de fútbol profesional parecía suficiente para garantizar una carrera duradera y estable, pero dentro aprendí una de las lecciones más duras, pero importantes, de mi vida profesional: **mi éxito profesional no iba a depender solo de lo bueno que fuera, sino de lo bien que supiera venderlo.** En el mundo del deporte, y en la fisioterapia en general, no basta con la competencia técnica: necesitas proyectar esa competencia, hacer que los demás la perciban, porque aparentar ser bueno ya es tan importante como serlo. Pero, incluso ese conocimiento, no me preparó para lo que vendría después.

Tras casi una década de entrega absoluta, el club, mermado económicamente, decidió externalizar sus servicios médicos, desencadenando una reorganización interna que terminó en conflictos y desajustes internos. Y lo que nunca llegué a imaginar ocurrió: **un despido por la puerta de atrás a mis treinta y un años.**

Para cualquiera, un despido es un golpe. Pero cuando tu vida ha girado alrededor de tu trabajo, y has estructurado tu identidad profesional y personal en torno a un solo lugar, la caída es mucho más dura. Me encontré en el punto más bajo de mi vida profesional, obligado a reconstruirme desde cero. No solo perdido como profesional, sino perdido a nivel de confianza en todo lo que había construido durante años. Un golpe a mi carrera y a mi autoestima. Y en ese proceso hubo una pregunta que no dejó de darme vueltas en la cabeza y que Juan Miguel Bernat no ha podido definir mejor en el prólogo: ¿Y ahora qué?

No hace falta llegar a estas situaciones para darse cuenta de lo mal preparados y desprotegidos que estamos los profesionales sanitarios en temas de gestión, conocimientos legales o económicos cuando tratamos de resolver estas situaciones de la mejor forma posible y sin ser engañados.

Recuerdo perfectamente diferentes situaciones previas que ya fueron abriéndome los ojos y alertándome de que había muchos conocimientos que ignoraba y que tendría que aprender si quería sobrevivir en el mundo laboral. Te estoy hablando de mi primera factura como autónomo en 2014, de pagar el IVA, el IRPF, la cuota de autónomos, el gestor, etcétera. De tratar de captar pacientes por mi cuenta, *marketing* digital, posicionamiento en redes sociales, SEO o usar Google My Business.

Me sentía abrumado. No sabía cómo hacer que la gente me encontrara, mucho menos cómo diferenciarme de otros fisioterapeutas, y estoy seguro de que estas y muchas más situaciones te han pasado.

¿Recuerdas cuánto te ofrecieron por cada paciente en tu primer trabajo? Yo sí. Un 35 % - 65 % a favor de la clínica. ¿Era justo? ¿Era rentable para mí? Nadie me había comentado cómo estaba el mercado en ese momento. No lo sabía. Quería trabajar, así que lo acepté sin cuestionarlo.

Esta es la verdadera motivación de este libro. No escribo esto porque quiera hablar de mi historia. Lo escribo porque **mi historia podría ser la tuya**. Porque quiero que tengas las herramientas que yo no tuve. Porque quiero que cuando te enfrentes a una oferta de trabajo, a un contrato, a una negociación o incluso a la decisión de emprender, lo hagas con conocimiento y estrategia, no con suposiciones e intuiciones.

Este libro no solo es una crítica al sistema, es **una llamada de acción** para que los fisioterapeutas y profesionales sanitarios de hoy dejen de esperar a que las cosas cambien solas y empiecen a crear el cambio desde dentro.

Es el manual que me habría gustado tener cuando empecé. El que te explica minuciosamente la realidad laboral de la fisioterapia a través de diez años de experiencia profesional; el manual que te aportará diez consejos y diez recomendaciones que te prepararán tanto para salir de la universidad como para cuándo entres en la primera crisis existencial laboral.

Aquí encontrarás las estrategias que aprendí con cada error, los conocimientos que obtuve cuando decidí dejar de ser solo un fisioterapeuta y convertirme en un profesional mucho más completo gracias a las competencias transversales de la profesión.

Un libro que te va a incomodar, que te va a hacer replantearte muchas cosas, pero que al final te va a dar claridad y control sobre tu futuro profesional. Que te va a enseñar cómo conseguí anticiparme y convertir un despido en una oportunidad, y cómo en menos de un año pasé de estar feliz y realizado en el fútbol profesional a trabajar en una empresa privada de más de cuatrocientos trabajadores, igualmente feliz y centrado en crecer profesionalmente.

Así que, si estás dispuesto a leer esto con la mente abierta, con ganas de aprender y con el compromiso de aplicar lo que descubras, te doy la bienvenida.

Este libro está escrito para ti.

Empieza el cambio.

Capítulo 1

¡BASTA YA! LO QUE NADIE TE DICE SOBRE SER FISIOTERAPEUTA EN ESPAÑA

Consejo:

Si sigues el camino que todos siguen, no esperes un destino diferente.

LUIS ESCUDERO

Recomendación:

Hace años que leí *Padre rico, padre pobre* y no hay que estar muy atento a que el título de mi libro es un homenaje a esta obra y a su autor, ya que con él encontré las respuestas a las inquietudes que me generaba la fisioterapia. El escritor, Robert Kiyosaki, hace una crítica y explica cómo el sistema educativo está diseñado para formar empleados, pero no empresarios. En los grados sanitarios, la universidad no nos da una visión global sobre nuestra realidad laboral ni cómo prosperar en ella de manera diferente, y esto nos acaba generando un sentimiento de fracaso. Mi recomendación es sencilla: si sigues el camino sin cuestionarlo, acabarás atrapado en el mismo modelo precario que miles de fisioterapeutas y acabarás frustrado. Las reglas del juego están cambiando y es hora de que empieces a emprender en ti mismo para diferenciarte.

> La vida no premia a los que más saben, sino a los que más se atreven.
>
> *El cociente agallas* (2010)
> MARIO ALONSO PUIG

Si cierro los ojos y retrocedo en el tiempo, aún puedo verme en aquel momento clave de mi vida. La carta de admisión, la beca, la emoción de empezar la carrera que había elegido. Lo tenía todo muy claro.

La fisioterapia llegó a mí gracias a una oportunidad única: una beca otorgada por la Universidad CEU Cardenal Herrera, que me permitió compaginar mis estudios con el deporte. Fue mi recompensa por mantener buenas notas mientras me exigía al máximo en el campo de juego. Para mí, **el esfuerzo siempre ha sido el camino.**

Desde el primer día en la universidad me enamoré de la fisioterapia. Me encantaba el objetivo de devolverle el movimiento a alguien que lo había perdido, de aliviarle el dolor, de ayudarle a volver más fuerte después de una lesión... Todo tenía sentido y nunca dudé de mi vocación.

Pero con el tiempo me empecé a preguntar ¿y si la vocación no **fuera suficiente?**

Porque lo cierto es que, mientras vivía aquellos años con entusiasmo, había una realidad que pasaba completamente desapercibida para mí. Una realidad que estuvo delante de mis ojos mucho antes de que siquiera pensara en estudiar Fisioterapia y que, en mi inmadurez, nunca supe interpretar.

Una historia que no supe leer a tiempo.

Cuando tenía quince años, una lesión de rodilla me apartó de la competición. Fue un golpe duro. No solo por el dolor físico, sino porque, para cualquier deportista, estar lesionado es perder una parte de su identidad.

Gracias a mi seguro privado fui derivado a una clínica de fisioterapia cerca de mi casa. Era un centro pequeño, de barrio, modesto, pero lleno de vida. Allí conocí a un fisioterapeuta que, con unos treinta años, irradiaba ilusión por su trabajo. Me trató durante semanas con electroterapia, movilidad pasiva y ejercicios en un gimnasio diminuto pero funcional. Cada vez que iba a la consulta, me contaba historias sobre su otro empleo. También era taxista.

A mí no me pareció extraño. Yo solo quería recuperarme y volver al campo. Nunca me pregunté por qué un fisioterapeuta con experiencia y con su propia clínica también tenía que ser taxista. De hecho, esta experiencia fue la que me empujó a estudiar Fisioterapia.

Años más tarde, cuando ya estaba en la universidad, me acordé de él y decidí buscar su clínica por Facebook. Quería saber si podía ayudarme a encontrar prácticas, quizá en aquel mismo lugar donde me había tratado. Lo encontré, pero la clínica ya no existía.

Le escribí para preguntarle qué tal le iba. Su respuesta fue simple: ya no era fisioterapeuta. Se había quedado ejerciendo su otro trabajo como taxista. En ese momento entendí algo que durante años había pasado por alto. Un fisioterapeuta con experiencia, con su propia clínica, con vocación y con un talento evidente había abandonado la profesión.

¿Qué estaba pasando? ¿Cómo era posible que un fisioterapeuta no pudiera vivir solo de la fisioterapia? A día de hoy sé de sobra que si acudía a esas sesiones con mi seguro privado y me trataba de forma individual casi durante una hora... muy bien las cosas no le iban.

Pero para comprender esta situación basta con echar un vistazo y analizar los datos.

En España hay más de **66 000** fisioterapeutas colegiados (Consejo General de Colegios de Fisioterapeutas de España, 2024). Sin embargo, lo que debería ser un sector consolidado y con oportunidades, se ha convertido en una trampa laboral para miles de profesionales.

El 90 % de los fisioterapeutas en España trabajan en el sector privado, mientras que solo el 10 % logra acceder a la sanidad pública (*Redacción Médica*, 2024). Y el problema es que el acceso a la sanidad pública es casi una lotería.

Las plazas en hospitales y centros públicos son limitadas y las convocatorias de oposiciones, escasas. Un fisioterapeuta puede pasar años preparándose para un examen sin garantías de obtener una plaza. Y si no la consigue, la alternativa es el sector privado, donde los salarios oscilan entre 1500 y 1600 euros al mes, con jornadas extenuantes y condiciones laborales que se mantienen estancadas desde hace más de una década (*El País*, 2024).

A la vista de estos números, no es extraño que muchos fisioterapeutas busquen alternativas para sobrevivir en la profesión. Pero esas alternativas, lejos de ser soluciones, muchas veces los llevan a una espiral de sobrecarga laboral y frustración.

Porque la fisioterapia, hoy en día, es una profesión que empuja al límite. Trabajar en una clínica privada es la opción más común. El 90 % de los fisioterapeutas empiezan su carrera en este sector. Pero pronto descubren lo que significa la explotación laboral disfrazada de vocación.

La mayoría trabaja a porcentaje, donde la clínica se queda con hasta el 60 % del valor de cada sesión y son muchas, no lo escondamos.

Y si hacemos cuentas rápidas con números reales (aunque en capítulos siguientes profundicemos más):

• Un fisioterapeuta con una ocupación del 90 % atiende una media de 144 pacientes al mes, asumiendo la responsabilidad en muchos casos de buscarse sus propios pacientes, de llevar un móvil 24 horas y de hacer encaje de bolillos para ver los máximos pacientes.
• Si la sesión tiene un precio medio de 35 euros, genera 5040 euros para la clínica.
• Si recibe el 50 %, su sueldo bruto es de 2520 euros.
• Si le restamos el IRPF aproximado (504 euros), nos quedan 2016 euros netos.
• Siendo autónomo, descontamos la cuota de 300 euros.

El resultado final: trabaja al límite para quedarse con poco más de 1700 euros al mes, que siguen sin ser reales, porque tienes que restar los gastos de gestoría, colegiación, formación y puede que hasta algún material o plataforma de promoción (Doctoralia, TopDoctors...).

Para muchos, esto no es suficiente para vivir y se dan cuenta tarde.

Otros intentan sobrevivir a través de las aseguradoras. Pero aquí la realidad es aún más brutal: Adeslas paga siete euros por sesión (*Redacción Médica*, 2024). Para que el fisioterapeuta sea rentable, debe tratar entre siete y diez pacientes por hora (Ministerio de Sanidad, 2024).

Es decir, si decides trabajar con aseguradoras, te conviertes en una máquina de tratar pacientes sin descanso. No hay calidad de tratamiento. No hay margen para personalizar la atención. Solo importa el volumen. Y los que deciden emprender por su cuenta tampoco lo tienen fácil. A los 300 euros de cuota de autónomos hay que sumar el alquiler de consulta, los materiales, los seguros... Muchos terminan recurriendo a sesiones a domicilio o a trabajar en negro para poder mantenerse a flote. Esto es —sí o sí— una triste realidad.

Otra alternativa es tratar de trabajar en el ámbito deportivo: es aquí donde te encuentras con la precariedad laboral en su máxima expresión. El sector posiblemente merece un capítulo o un libro aparte. ¿Hasta dónde estamos dispuestos a llegar? Porque el que ha trabajado en el ámbito deportivo lo sabe. Buenos sueldos para muy pocos, sin extra por nocturnidad ni festivos, jornadas de fin de semana de más de 48-50 horas a merced del equipo, sin apenas vacaciones y, lo peor, una sensación constante de tener que dar las gracias por estar ahí o de estar preparado para que el amigo de turno te quite el puesto.

Pero ¿cuál es el precio de la vocación?

Lo más triste es que nadie estudia Fisioterapia esperando hacerse rico. Lo hacemos porque creemos en la profesión, porque queremos ayudar a la gente, porque nos gusta lo que hacemos. Pero la vocación, por sí sola, no paga facturas.

Conozco demasiados casos de fisioterapeutas que, después de años de dedicación, terminan abandonando la profesión. Algunos se reinventan en la docencia o en la gestión y otros, como aquel fisioterapeuta que me trató a los dieciséis años, simplemente abandonan la profesión. Y lo peor es que esto sigue pasando todos los días. Es actualidad.

Muchos fisioterapeutas comienzan su camino profesional sin conocer realmente el mercado en el que van a competir. La imagen de la fisioterapia como una profesión estable y con alta demanda puede ser engañosa si no se contrasta con datos reales. La nota de media de corte para el acceso a la universidad sigue subiendo año tras año ¿Cuántos de nosotros hemos reflexionado sobre cuántos fisioterapeutas nuevos se gradúan anualmente? ¿Cuántos se incorporan a un sector donde la oferta crece mucho más rápido que las oportunidades?

Si pensamos en la Comunidad Valenciana, solo en ella se gradúan más de 500 fisioterapeutas al año. Y esto no es un dato aislado. Significa que, si estás leyendo este libro, eres de la Comunidad Valenciana y todavía no te has planteado cómo diferenciarte, cómo construir tu propio camino o cómo posicionarte en el sector: estás en desventaja. No se trata solo de ser un buen profesional, se trata de entender que **el mercado no espera a nadie**.

La fisioterapia, como cualquier otra profesión sanitaria, está condicionada por la competencia y por la realidad económica. En la actualidad, el Colegio de Fisioterapeutas de la Comunidad Valenciana (ICOFCV) suma 7245 colegiados, así que abre los ojos y busca el dato real de la competencia de allá donde me estés leyendo.

¿Cuál es tu plan para no ser solo uno más?

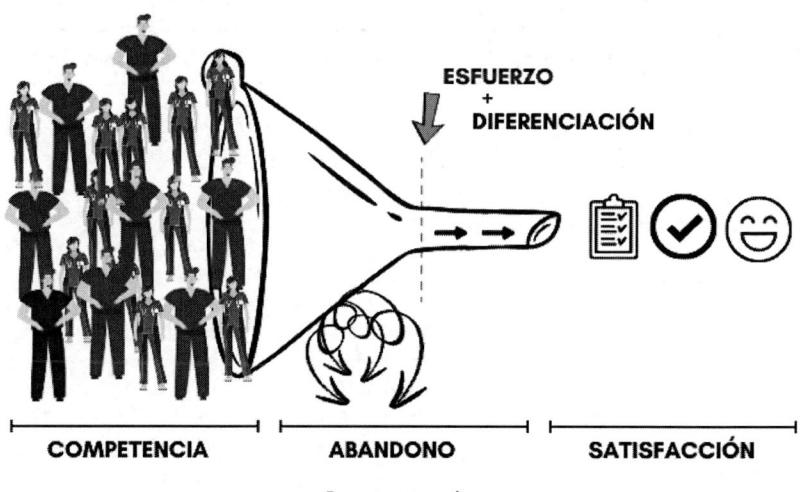

Imagen: propia

Si has llegado hasta aquí es porque, de una forma u otra, esta historia resuena en tu interior. La has vivido, has visto estas señales a tu alrededor, has experimentado estas situaciones... O simplemente te acabo de descubrir una realidad que nadie te había contado. Lo siento y gracias.

Pero no escribo esto para lamentarme ni desmotivarte. A partir de aquí, vamos a hablar de soluciones. De cómo aprender a vender tu trabajo, de cómo tomar decisiones inteligentes que te permitan escapar de la precariedad.

Porque la fisioterapia es una profesión increíble. Pero **si no aprendemos a defender nuestro valor, nadie lo hará por nosotros.**

SECTOR PÚBLICO				
HOSPITAL PÚBLICO	CENTRO SALUD	RESIDENCIAS	DOCENCIA	OPOSICIÓN
UCI Y CRÍTICOS	AT. PRIMARIA	TERAPIAS GRUPO	PRFESORADO	CONCURSO
FT ESPECIALIDAD	ESCUELAS	PREVENCIÓN	INVESTIGACIÓN	AYUNTAMIENTO
FT REHABILITACIÓN	RHB COMUNITARIA	ENCAMADOS	DOCTORADOS	PENITENCIARIO

SECTOR PRIVADO		
CLÍNICA PRIVADA	FT DEPORTIVA	CONSULTORÍA/GESTIÓN
PROPIETARIO	CLUBES DEPORTIVOS	GESTIÓN DE CLÍNICAS
EMPLEADO	ALTO RENDIMIENTO	ASESOR DE FISIOTERAPEUTAS
COLABORADOR AUTÓNOMO	FT AUTÓNOMO	

FT ESTÉTICA	INVESTIGACIÓN	FORMACIÓN
CENTROS DE ESTÉTICA	DESARROLLO DE PRODUCTOS	DOCENCIA
SPA Y CENTROS DE BIENESTAR	COMERCIAL	INVESTIGACIÓN

Imagen: propia

Capítulo 2

DE LA PASIÓN A LA PRECARIEDAD

Consejo:

El error no es cobrar poco al principio, es no tener
claro por qué lo haces ni hacia dónde te lleva.
LUIS ESCUDERO

Recomendación:

Muchos profesionales sanitarios aceptamos nuestro primer trabajo
con la ilusión de empezar. Lo entiendo, yo también lo hice. Pero
no somos conscientes de que ese primer «sí» puede arrastrarnos
durante años. No solo por lo que cobras, sino por lo que normali-
zas. Antes de aceptar cualquier oferta, párate a pensar: ¿entiendes
bien qué porcentaje te llevas por cada sesión? ¿Ese trabajo es una
inversión estratégica o solo una forma de ocupar horas? No tomes
decisiones solo por la emoción de «ya tener algo». Valora si ese primer paso encaja con el camino que quieres construir. Porque una
cosa es empezar desde abajo con propósito y otra muy distinta es
empezar sin rumbo.

Mi recomendación es clara: **no firmes nada que no entiendas y no
aceptes nada que no tenga sentido para ti.** Tu carrera empieza con
la forma en que te valoras. Y si tú no te haces las preguntas difíciles,
nadie va a darte las respuestas correctas.

Las personas con objetivos claros tienen menos probabilidades de deprimirse, porque su atención está dirigida hacia algo que da sentido a su vida.

Cómo hacer que te pasen cosas buenas
MARIAN ROJAS ESTAPÉ

Si alguien me hubiera dicho en la universidad que ser fisioterapeuta no solo implicaba tratar pacientes, sino también aprender sobre contratos, impuestos, leyes y facturación, probablemente habría pensado que exageraba. Después de todo, pasé cuatro años sumergido en biomecánica, electroterapia, ejercicios y terapias manuales, pero nadie me enseñó cómo cobrar mi propio trabajo.

Qué falta información recibimos y qué poco caso le hacemos a las escasas asignaturas que nos ayudan a entender un poco más el contexto de la profesión. Este libro también me ha servido para charlar y reflexionar en profundidad sobre la necesidad de un cambio en la docencia actual con diferentes entidades y profesionales del sector. He tenido la suerte y la oportunidad de sentarme y debatir con el doctor Pedro Rosado, presidente de la Academia de Fisioterapia de la Comunidad Valenciana (AFISCV) y profesor en su momento de la asignatura de Legislación Sanitaria. Gracias a él he entendido la idiosincrasia de la propia gestión de la docencia del grado y ha sido un placer entender la dificultad que supone un cambio.

El doctor Rosado consiguió que entendiera que hacer modificaciones no es tan sencillo. La docencia de Fisioterapia está regida por el *Libro Blanco del Grado en Fisioterapia*, que es el documento técnico que sirvió de base para diseñar los actuales planes de estudio universitarios de Fisioterapia en España. Fue elaborado por la **ANECA** en el año **2005**, en el marco del **Espacio Europeo de Educación Superior**, y estableció las competencias, metodologías docentes y distribución de contenidos que debían integrar los nuevos grados adaptados a Bolonia.

Aunque no tiene rango de ley, su influencia es total: todas las universidades lo utilizaron como referencia para construir sus programas y sigue siendo el punto de partida que usa la ANECA para acreditar oficialmente los títulos. Por eso, **modificarlo no es nada sencillo**. Requiere un consenso nacional entre universidades, colegios profesionales, agencias evaluadoras y Ministerio, además de una actualización de los reales decretos que regulan los títulos de grado. Y ese proceso, como es habitual en nuestro sistema, es lento y burocrático.

El problema, y esto es una opinión totalmente personal, es que, **aunque fue útil en su momento, el libro blanco está claramente desactualizado**. Fue redactado antes de que existieran las redes sociales, la inteligencia artificial, la realidad virtual o la fisioterapia digital. No contempla el trabajo autónomo como vía principal de empleo, ni hace referencia a herramientas de *marketing*, gestión clínica o captación de pacientes, que hoy son esenciales para la supervivencia profesional.

Veinte años después, seguimos formando fisioterapeutas con un marco teórico que ya no refleja el mundo real. Y hasta que no se actualice este documento fundacional, seguiremos arrastrando una formación académica incompleta, alejada de las necesidades del mercado laboral actual.

Es curioso cómo uno puede estar tan centrado en aprender a ser un buen profesional y, al mismo tiempo, estar tan desarmado para el mundo laboral.

Lo descubrí en 2014, el año en que mi entusiasmo por la fisioterapia deportiva chocó con la realidad del mercado laboral. Acababa
de terminar la universidad y tenía claro que quería especializarme
en el ámbito deportivo, como tantos otros. Por eso me matriculé en
el Máster de Fisioterapia Deportiva de la Universidad de Valencia,
convencido de que aquel sería el trampolín inmediato para trabajar
en lo que siempre había soñado.

El problema es que en fisioterapia, hoy en día, **la especialización no
paga facturas.** Un máster, un título... y un vacío laboral muy grande.

Siempre había escuchado que el primer trabajo define gran parte
de tu carrera. No sé si es del todo cierto, pero lo que sí puedo decir
es que la búsqueda de mi primer empleo fue una experiencia des-
gastante y desalentadora.

Después de meses enviando currículums y sin recibir respuesta, llegó
la primera oportunidad. No en una clínica de fisioterapia deportiva,
sino como instructor de pilates. Lo recuerdo como si fuera ayer:
martes y jueves, de 15:00 a 20:00. Esa era mi jornada laboral en una
clínica donde se trabajaba osteopatía visceral y la kinesiología como
centro del tratamiento. No hacía mucha fisioterapia, pero impartía
pilates. Afortunadamente, los lunes y miércoles, de vez en cuando,
me «pasaban» algún paciente. Un caso esporádico por aquí, otro
por allá. Si había movimiento, me llamaban. Si no, no trabajaba.

No era el trabajo de mis sueños. Le estoy agradecido, porque me
ayudó a despegar y me dio una bofetada laboral, pero no estaba
alineado con mi futuro.

Para completar ingresos conseguí una sustitución en una mutua
de seguros privados, donde veía hasta diez pacientes por hora. Una
verdadera línea de producción sanitaria. Apenas podía recordar sus
nombres, mucho menos personalizar los tratamientos.

Aquello no era fisioterapia deportiva; si me apuras, casi no era ni fisioterapia. Era supervivencia.

Pero lo más impactante de estos inicios no fue el volumen de trabajo, ni los desplazamientos, ni la sensación de que siempre llegaba tarde —porque además, ingenuo de mí, también quería tener vida social, seguir jugando al fútbol...—. Todo eso lo podía asumir. Lo peor fue el momento en el que en la clínica me dijeron que debía presentar mi primera factura.

«Luis, mándanos la factura de este mes para poder procesar tu pago». Parecía una instrucción sencilla, pero había un problema: no tenía ni idea de cómo hacer una factura. En la universidad rara vez había escuchado las palabras «autónomo», «facturación», «IVA» o «IRPF», y mucho menos alguien nos había explicado cómo funcionaba realmente o cómo hacerla.

¿Qué debía poner en una factura? ¿Tenía que cobrar el IVA? ¿Cómo funcionaba el IRPF? ¿Cuánto de lo que iba a recibir se quedaba Hacienda? ¿Qué era eso de dos pagadores que decía mi madre? ¿Por qué la clínica se quedaba tanto si yo hacía todo? No tenía respuestas.

Lo que aprendí en ese momento, a base de errores y búsquedas en Google, es que en España **hay tres grandes regímenes fiscales** en los que un fisioterapeuta puede trabajar:

1. Régimen General (Asalariado)
2. Régimen de Autónomo
3. Régimen de Sociedades (S. L. o S. A.)

Cada uno de ellos implica formas distintas de cobrar, de pagar impuestos y de gestionar el dinero. Y lo peor de todo es que la mayoría de los fisioterapeutas recién graduados no tienen ni idea de cómo funcionan. Voy a tratar de explicarte cada uno con ejemplos reales, porque, créeme, esto marcará la diferencia entre ganar dinero y perderlo durante el camino. Es más que una simple información.

Régimen General: el asalariado clásico

El régimen general es el sistema de cotización y protección social que cubre a los trabajadores por cuenta ajena en España. Bajo este régimen, la empresa es responsable de pagar las cotizaciones a la Seguridad Social y de retener el Impuesto sobre la Renta de las Personas Físicas (IRPF) antes de entregar el salario neto al empleado (Agencia Tributaria, 2024). Resumiendo: lo normal vaya.

¿Cuáles son las características claves del régimen general?

- El trabajador recibe una nómina con su salario bruto y los descuentos aplicados, lo que corresponde al salario neto (después de impuestos).
- La empresa asume parte de la cotización a la Seguridad Social y deduce el resto del salario del empleado. Puedes tener un contrato a 12 pagas o a 14 pagas prorrateadas.
- El IRPF se retiene en la nómina y varía según la base salarial y la situación personal del trabajador (Ministerio de Inclusión, Seguridad Social y Migraciones, 2024).

Prorratear: distribuir proporcionalmente las pagas extraordinarias (como la de Navidad o verano) a lo largo de los doce meses del año, en lugar de abonarlas en dos momentos puntuales.

Es decir, el trabajador percibe cada mes una parte proporcional de esas pagas extras, lo que incrementa su salario mensual, pero sin recibir esos pagos como ingresos adicionales en junio o diciembre. Esta modalidad es habitual en contratos temporales o en convenios que así lo estipulan, y está regulada en el artículo 31 del Estatuto de los Trabajadores, que reconoce el derecho a dos gratificaciones extraordinarias al año, permitiendo su prorrateo en las mensualidades ordinarias.

"*El trabajador tiene derecho a dos gratificaciones extraordinarias al año, una de ellas con ocasión de las fiestas de Navidad, y la otra en el mes que se fije por convenio colectivo o por acuerdo entre el empresario y los representantes legales de los trabajadores. [...] Podrán prorratearse en las doce mensualidades*" (Estatuto de los Trabajadores, 2023, art. 31).

Imagen: propia

Ejemplo real: Si trabajas en una clínica bajo contrato, estarás dentro del régimen general. Esto significa que la empresa paga parte de tu seguridad social y te entrega una nómina. En teoría, parece lo más cómodo. Pero hay que entender que el salario bruto que recibes no es el salario real. Así que atención al negociar. Esto es cultura financiera básica que deberías saber incluso antes de entrar en la universidad, pero que quizá, al estar inmerso entre anatomía y biomecánica, se te olvida durante el grado.

EJEMPLO DE NÓMINA

- *Salario bruto*: en otros sectores lo lógico es negociar este salario bruto, pero no te equivoques: en el sanitario siempre te dirán «por encima de convenio» y tendrás que apañártelas para saber de cuánto dinero bruto anual están hablando. En fisioterapia en concreto se alardea de «cobrar por encima de convenio» por lo que te ofrecerán un salario bruto (antes de impuestos) de entre 25 000 y 28 000 euros.
- *Retención de IRPF* (20 %): Resta 270-350 €. Te recomiendo que consultes cuánto IRPF te van a retener. No deberían hacerlo, pero podrían ponerte una reducción del 2 %, que pienses que cobras más de lo que deberías y luego llevarte un susto en la declaración de la renta.

- *Seguridad Social* (6.45 %): Resta 116-200 €.
- *Descuento formación y desempleo*: Resta 40-60 €.
- *Salario neto final*: 1500-1700 €.

Ahora bien, esto no es lo peor. Lo realmente preocupante es que los salarios en fisioterapia suelen rondar entre 1500 y 1700 €. Y en la mayoría de los casos esos salarios no suben en años, porque están totalmente estancados.

¿La razón? Un **convenio sanitario obsoleto y desactualizado**, diseñado para una realidad que ya no existe. El Convenio Colectivo de Sanidad Privada, que rige la mayoría de los contratos de fisioterapeutas en España, se ha mantenido prácticamente intacto durante años, sin reflejar el aumento del coste de la vida ni la especialización creciente dentro de la profesión. Este convenio establece salarios base extremadamente bajos, con incrementos salariales ridículos y sin incentivos por especialización o antigüedad. En otras palabras, un fisioterapeuta con diez años de experiencia puede estar cobrando prácticamente lo mismo que un recién graduado, salvo que negocie mejoras por su cuenta o busque oportunidades fuera del marco establecido.

Y aquí está el verdadero problema: la mayoría de las clínicas privadas aplican este convenio como norma general, limitando el crecimiento salarial del fisioterapeuta y perpetuando la precariedad en el sector. Muchas alardean de estar «por encima de convenio», y menos mal, un convenio congelado hace años que casi roza el mínimo exigible. Es decir, lo que en otros países sería una progresión salarial natural basada en experiencia y formación, en España se convierte en una carrera sin escalones. ¿Y lo peor de todo? **Tienen razón.** No les culpo. Porque los números como empresarios no les salen rentables si pagan más a sus fisioterapeutas. Pero de esto hablaremos mucho más y mejor en capítulos siguientes.

Para la mayoría esto significa una única salida: buscar trabajo fuera o emprender como autónomo. Pero, en ambos casos, los desafíos financieros y administrativos no desaparecen, solo cambian de forma.

Autónomos: facturando sin red de seguridad

Si trabajas por cuenta propia o en varias clínicas bajo porcentaje, seguramente estarás en el régimen de autónomos. El régimen especial de trabajadores autónomos (RETA) es el sistema de cotización que regula a los trabajadores que ejercen su actividad de forma independiente. A diferencia del régimen general, los autónomos son responsables de gestionar sus propias obligaciones fiscales y cotizaciones sociales (Seguridad Social, 2024).

¿Qué aspectos clave tienes que saber del régimen de autónomos?

- Obliga a pagar una cuota fija mensual a la Seguridad Social, independientemente de los ingresos.
- No hay nómina, el trabajador genera facturas por sus servicios.
- Debe presentar declaraciones trimestrales de IRPF e IVA en caso de que se aplique.
- Tiene derecho a prestaciones sociales como jubilación, incapacidad temporal y cese de actividad, pero en menor medida que un asalariado (*Boletín Oficial del Estado [BOE]*, 2024).

Ejemplo real: Trabajas en una clínica con un 50 % de porcentaje. Si cobras 40 € por sesión, te quedas con 20 €. Si haces 120 sesiones al mes, este podría ser un ejemplo básico sin entrar al detalle:

- *Ingresos brutos:* 2400 €
- *Cuota de autónomos:* -300 €

- *IRPF* (15 %): -360 €
- *Gastos varios* (material, alquiler, colegio obligatorio, seguro): -200 €
- *Total neto:* 1540 €

Pero, además, si eres autónomo eres responsable de realizar algunas acciones obligatorias que entran dentro de tus obligaciones como trabajador y de las que no puedes escaparte. Y hay algo que has de tener claro: ¡cuidado con ser falso autónomo! Si esto no te suena, sigue leyendo que te lo explico más adelante. La realidad es que como autónomo seguramente **ganes más dinero**, al menos los meses de febrero a junio. Pero ¿qué pasa con el resto de los meses? ¿Has calculado los días laborales que tienen los meses? ¿Y tus vacaciones? ¿Y los festivos? ¿Y las bajas? ¿Si te pones malo no cobras?

Sin contar en cómo te tratan las entidades bancarias cuando eres autónomo, aunque ganes más que un asalariado. ¿Has tratado de pedir una hipoteca como autónomo? Sé de sobra que, si has estado en esta situación, me entiendes.

Si eres **AUTÓNOMO** eres responsable de:

- ✅ Hacer tus propias facturas.
- ✅ Declarar el IRPF cada trimestre.
- ✅ Pagar la cuota de autónomos, sin importar si facturas o no.
- ✅ Darse de alta en Hacienda (IAE) y en el RETA.
- ✅ Declarar IVA si ofreces servicios no exentos
- ✅ Gestionar pagos a proveedores de material sanitario...
- ✅ Dar de alta empleados en la SS y gestionar nóminas.
- ✅ Riesgos laborales y protección de datos (LOPD-GDD)
- ✅ Calcular la rentabilidad de cada tratamiento.
- ✅ Planificar la estrategia de crecimiento

*Hay diferencias si eres autónomo como colaborador de clínicas o autónomo como propietario de una clínica, en tus obligaciones como autónomo

Imagen: propia

Ahora, aviso importante: los fisioterapeutas que trabajan como autónomos en clínicas no cobran IVA. Según el Artículo 20. Uno. 3º de la Ley 37/1992, los servicios sanitarios están exentos de IVA.

¡ATENCIÓN!

Por qué esto te interesa y seguro que nadie te lo cuenta. Yo, durante muchos años de mi vida, sin saberlo trabajé de **falso autónomo.** Pero ¿qué es ser un falso autónomo y por qué no es legal?

La situación del **falso autónomo en fisioterapia** es una figura **ilegal pero tristemente frecuente** en nuestro sector. A continuación, te voy a explicar en detalle su definición, por qué está prohibida y un ejemplo real con una sentencia firme.

Un **falso autónomo** es un trabajador que, aunque está dado de alta como autónomo, **en la práctica desarrolla su actividad como si fuera un asalariado**, con las mismas obligaciones, horarios y dependencia jerárquica que un empleado por cuenta ajena. En fisioterapia, esto sucede cuando un profesional trabaja en una clínica bajo órdenes directas, con horarios fijos, uso exclusivo del material del centro, sin libertad para organizar su trabajo, **pero sin contrato laboral** y emitiendo facturas como si fuera un profesional independiente.

La nota definitoria del trabajo por cuenta ajena es la existencia de dependencia y ajenidad. Cuando concurren estos elementos —inserción en la organización empresarial, sujeción a horario, instrucciones directas del empleador y retribución fija—, no puede hablarse de una relación autónoma, sino de una relación laboral común (Tribunal Supremo, Sala de lo Social, sentencia n.º 689/2018, de 16 de julio, ECLI:ES:TS:2018:2894).

Por lo tanto, está prohibido por **vulnerar el Estatuto de los Trabajadores** y la **Ley General de la Seguridad Social**. Se produce un **fraude laboral y de cotizaciones**, ya que el empleador evita pagar los costes asociados a un contrato (cotizaciones, vacaciones, indemnizaciones, etcétera) y traslada todo el riesgo al fisioterapeuta. Este tipo de prácticas puede ser denunciada ante la **Inspección de Trabajo**, que tiene autoridad para recalificar la relación laboral, exigir el alta retroactiva en la Seguridad Social y sancionar económicamente a la empresa. Además, el fisioterapeuta puede reclamar diferencias salariales e indemnización por despido improcedente.

Es decir, ya no tienes excusa. Y nada mejor que un ejemplo concreto para que te des cuenta.

En 2019, el Juzgado de lo Social nº 5 de Santander dictó sentencia firme contra una clínica de fisioterapia que contrataba a sus profesionales como falsos autónomos. En el fallo, el juez concluyó que el fisioterapeuta cumplía un horario impuesto, no tenía pacientes propios, utilizaba exclusivamente las instalaciones y herramientas de la clínica y no podía fijar sus precios. Todo ello demostraba una relación laboral ordinaria, no autónoma.

La relación entre las partes no puede considerarse propia del trabajo autónomo, sino de una relación laboral por cuenta ajena, dado el grado de dependencia y ajenidad existente (Sentencia del Juzgado de lo Social n.º 5 de Santander, 2019, como se cita en Fundación Civio, 2022).

La clínica fue condenada a indemnizar al fisioterapeuta con más de 8000 euros y a darle de alta como trabajador por cuenta ajena de manera retroactiva.

Ahora que sabes lo que es ser un falso autónomo, ya no puedes mirar hacia otro lado. Si aceptas esas condiciones, asumes también sus consecuencias. No es valentía, es precariedad disfrazada. Y cuanto más lo normalicemos, más difícil será cambiarlo.

Pero además, legalmente, un fisioterapeuta en esta situación de falso autónomo dispone de un año para reclamar derechos derivados de la relación laboral —como salarios impagados, vacaciones o indemnización por despido— y cuatro años para que la Inspección de Trabajo actúe de oficio o tras denuncia en cuanto al fraude en la cotización a la Seguridad Social.

Las acciones derivadas del contrato de trabajo que no tengan seña-
lado plazo especial prescriben al año de su terminación (Estatuto
de los Trabajadores, art. 59.2, *BOE*, 2023).

Además, la Ley General de la Seguridad Social establece que las
infracciones por falta de alta o cotización prescriben a los cuatro
años desde que se comete la infracción (*BOE*, 2023, art. 57 LGSS).

Así que ¡estate atento!

Sociedades: Cuando decides emprender

Muchos fisioterapeutas deciden montar su propia clínica y no saben
ni lo que es una sociedad limitada (S. L.). ¿Pero qué es una S. L.? Si
es la primera vez que lees sobre esto, tranquilidad, es normal, nadie
te lo enseñó en la carrera.

Una sociedad de responsabilidad limitada (S. L.) es una forma jurídica de empresa en la que la responsabilidad de los socios está limitada
al capital aportado. Este tipo de sociedad es utilizada ampliamente
en España por pequeñas y medianas empresas, incluidas clínicas de
fisioterapia, debido a su flexibilidad fiscal y menor riesgo patrimo-
nial para los propietarios (*Boletín Oficial del Estado [BOE]*, 2024).

¿Qué características principales tiene una S. L.?

- Capital mínimo requerido: 3000 € (art. 4, Ley de Sociedades
  de Capital).
- Responsabilidad limitada: Los socios no responden con su patrimonio personal, sino solo con el capital aportado.
- Impuesto de Sociedades: Tributa al 25 % de beneficios netos en
  lugar de aplicar IRPF como los autónomos.

- Gestión profesionalizada: Se necesita llevar una contabilidad detallada y presentar cuentas anuales ante el Registro Mercantil (art. 34, Ley de Sociedades de Capital).
- Mayor estabilidad fiscal: A diferencia de los autónomos, permite distribuir dividendos y pagar menos impuestos si la empresa es rentable.

Ejemplo real: Si hubiera creado hace años la marca FisioEscudero S. L. y hubiera contratado a otro fisioterapeuta.

En este caso:

- No eres autónomo, sino administrador.
- No pagas IRPF directamente, sino impuesto de sociedades (25 %).
- Tienes más beneficios fiscales, pero más burocracia.
- Si alguna vez piensas abrir tu propia clínica, investiga bien antes de decidir entre ser autónomo o crear una S. L.

Algunas clínicas, en lugar de contratarte o aceptarte como autónomo, pueden pedirte que constituyas una **sociedad limitada (S. L.)** para facturar tus servicios. ¿Por qué lo hacen? Porque así **eluden completamente cualquier vínculo laboral** y reducen aún más su responsabilidad: no hay cotizaciones, no hay vacaciones, no hay despido. A efectos fiscales, para la clínica es una factura de empresa a empresa y se quitan de encima cualquier riesgo legal. Para ti, como profesional, los supuestos beneficios (deducciones fiscales, imagen más profesional o posibilidad de crecer) **no compensan el coste de gestión, el IVA, el impuesto de sociedades ni la inseguridad jurídica**. Si una clínica te propone esto, recuerda que quien más gana es ella. Y tú, otra vez, asumes todo el riesgo.

¿Y qué es entonces una sociedad anónima? ¿Es lo mismo que ser autónomo? Una sociedad anónima (S. A.) es una forma jurídica de empresa en la que el capital social está dividido en acciones y los socios (accionistas) no responden personalmente por las deudas de la sociedad, sino únicamente hasta el monto de su aportación (*Boletín Oficial del Estado [BOE]*, 2024). Este tipo de sociedad está diseñado principalmente para grandes empresas y proyectos que requieren una estructura de inversión más amplia y acceso a mercados de capitales.

¿Qué características principales tiene una S. A.?

- Capital mínimo requerido: 60 000 €, de los cuales al menos el 25 % debe estar desembolsado en el momento de la constitución (art. 4, Ley de Sociedades de Capital).
- Responsabilidad limitada: Los accionistas no responden con su patrimonio personal, solo con el capital aportado.
- División del capital en acciones: Permite la entrada y salida de socios con facilidad mediante la compraventa de acciones.
- Tributación: Está sujeta al impuesto de sociedades del 25 %, al igual que la S. L.
- Obligaciones contables más estrictas: Debe presentar cuentas anuales auditadas y publicar su información financiera en el Registro Mercantil (art. 35, Ley de Sociedades de Capital).

Posibilidad de cotizar en bolsa: Aunque no es obligatorio, una S. A. puede emitir acciones en mercados financieros para captar inversión.

¿Cuáles son las **diferencias claves entre una S. L. y una S. A. en fisioterapia?**

Si un fisioterapeuta quiere abrir una clínica con un modelo de negocio pequeño o mediano, generalmente constituirá una sociedad limitada (S. L.), ya que requiere menos capital y tiene menos obligaciones contables.

Sin embargo, si el objetivo es crear una gran red de clínicas con múltiples inversores y expansión nacional o internacional, puede optar por una sociedad anónima (S. A.), que permite captar financiación a través de la emisión de acciones.

Característica	Sociedad Limitada (SL)	Sociedad Anónima (SA)
Capital mínimo	3.000€	60.000€
Responsabilidad	Limitada al capital aportado	Limitada al capital aportado
Fiscalidad	Impuesto de Sociedades (25%)	Impuesto de Sociedades (25%)
Coste de constitución	Bajo	Alto
Recomendado para...	Pequeñas clínicas	Grandes redes de centros

Tabla: propia

Pero mi pregunta es: **¿por qué nadie nos enseña esto?**

Te has dado cuenta de lo mismo que yo: salimos de la universidad sin saber lo más básico sobre nuestra propia profesión. Nos están haciendo muy buenos en la parte técnica de nuestra especialidad, podemos identificar una lesión muscular en segundos, realizar una técnica que alivie el dolor... pero no sabemos cómo leer una nómina ni cómo hacer una factura, y mucho menos nos han enseñado a ser dueños de nuestras decisiones sobre cómo afrontar el inicio del mercado laboral.

Este capítulo es una introducción a la realidad laboral del fisioterapeuta. No se trata de que te conviertas en contable, pero sí de que no pierdas dinero por desconocimiento.

Porque al final, la fisioterapia es una profesión. Y si no aprendes a manejar el dinero, el dinero terminará manejándote a ti, y para cuando quieras darte cuenta ya llevarás tres o cuatro años enfadado con el sistema sin saber cómo mejorarlo.

Conocer estos términos no es un capricho jurídico, es una herramienta de supervivencia. Saber identificar un falso autónomo, entender qué implica prorratear pagas o por qué te piden abrir una S. L. te da poder. Poder para negociar, para rechazar condiciones abusivas y, sobre todo, para no caer en trampas que acaban en frustración, precariedad y abandono profesional a los pocos años. Porque también existe otra vía: la de invertir en un puesto de trabajo real, con una carrera profesional clara, una escala salarial justa y una relación laboral **legal, transparente y mutua**, donde ambas partes crecen juntas. No será fácil encontrarlo, pero con conocimiento y criterio, sabrás distinguir dónde sí merece la pena construir.

Pero hay algo más que no podemos pasar por alto. Porque en esta profesión, lo más paradójico es que muchas veces **no es un empresario el que te contrata**, sino **otro fisioterapeuta como tú**. Uno que estuvo donde estás ahora, que también empezó cobrando un 35 %, que montó su consulta y que, en lugar de romper el ciclo, lo repite. No por maldad, sino por supervivencia.

Porque la verdad incómoda es esta: **la rentabilidad en fisioterapia es tan baja** que si no ajustas al máximo los márgenes, **no sostienes ni tu propio sueldo**. Y eso nos ha llevado a algo insostenible: **fisioterapeutas precarizando a fisioterapeutas**. Una cadena infinita de contratos débiles, porcentajes injustos, falsos autónomos y proyectos sin estructura que al menor bache se derrumban.

Por eso, este capítulo no va solo de entender la ley, **va de cambiar la cultura profesional desde dentro**. De dejar de mirar hacia otro lado. De no perpetuar lo que ya sabemos que está roto.

Así que, si estás empezando, **abre los ojos antes de firmar**. Y si ya tienes un centro, **pregúntate si estás construyendo algo justo o simplemente repitiendo lo que tú mismo sufriste**.

Porque lo que no se cuestiona, se normaliza.

Y lo que se normaliza, se enquista.

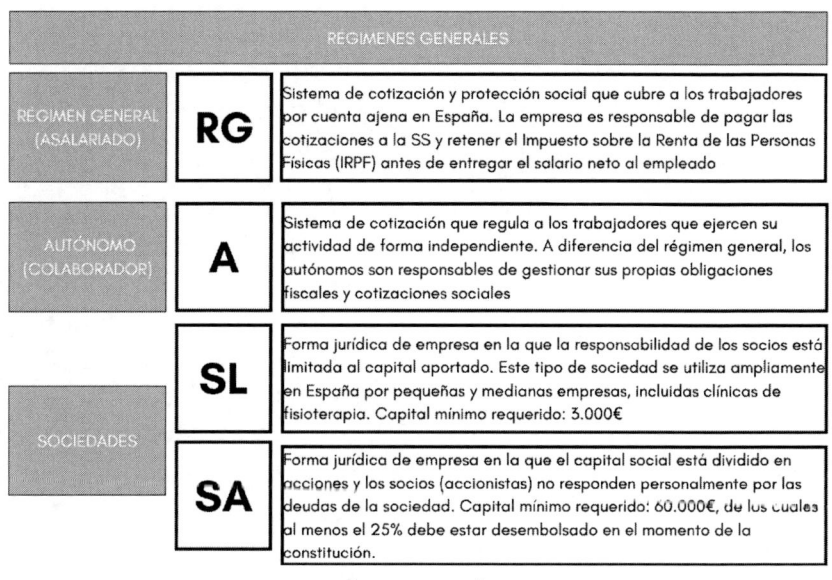

REGÍMENES GENERALES		
RÉGIMEN GENERAL (ASALARIADO)	**RG**	Sistema de cotización y protección social que cubre a los trabajadores por cuenta ajena en España. La empresa es responsable de pagar las cotizaciones a la SS y retener el Impuesto sobre la Renta de las Personas Físicas (IRPF) antes de entregar el salario neto al empleado
AUTÓNOMO (COLABORADOR)	**A**	Sistema de cotización que regula a los trabajadores que ejercen su actividad de forma independiente. A diferencia del régimen general, los autónomos son responsables de gestionar sus propias obligaciones fiscales y cotizaciones sociales
SOCIEDADES	**SL**	Forma jurídica de empresa en la que la responsabilidad de los socios está limitada al capital aportado. Este tipo de sociedad se utiliza ampliamente en España por pequeñas y medianas empresas, incluidas clínicas de fisioterapia. Capital mínimo requerido: 3.000€
	SA	Forma jurídica de empresa en la que el capital social está dividido en acciones y los socios (accionistas) no responden personalmente por las deudas de la sociedad. Capital mínimo requerido: 60.000€, de los cuales al menos el 25% debe estar desembolsado en el momento de la constitución.

Imagen: propia

Capítulo 3

FISIOTERAPIA Y *MARKETING*: CUANDO UNA PUBLICACIÓN EN REDES CAMBIÓ MI CARRERA

Consejo:

Una buena estrategia convierte tu contenido en
pacientes, no en *likes*.

Luis Escudero

Recomendación:

Muchos fisioterapeutas confunden visibilidad con éxito. Pero una
agenda llena no se consigue con seguidores, sino con una estrategia
clara que convierta confianza en pacientes. No se trata de ser un
fisio-influencer, sino de usar las redes con respeto, criterio y un propósito. Publicar sin saber a quién hablas ni qué quieres lograr es perder el tiempo. Tu contenido no debe buscar aplausos, debe resolver
problemas y posicionarte como una opción fiable. No publiques por
publicar. Define tu estrategia y conviértela en tu mejor herramienta
para crecer, nunca sabes dónde podrá estar la siguiente oportunidad.

Las personas no compran lo que haces, compran el por qué lo haces.

Empieza con el porqué (2009)
SIMON SINEK

Si en el capítulo anterior hablaba del choque con la realidad laboral y de lo poco preparados que salimos los profesionales sanitarios en temas como el *marketing*, la venta sanitaria o la propia gestión de nuestras carreras, aquí llega el siguiente golpe de realidad: **no basta con tener trabajo, encima necesitas generártelo tú mismo.**

Después de mi primer contacto con el mundo laboral en España —donde me especialicé más en logística y en hacer llamadas para reordenar agendas que en fisioterapia deportiva— tomé una decisión que entonces parecía radical, aunque con el tiempo entendí que era la opción más lógica: **irme fuera de España.**

Francia, Reino Unido, Alemania... sabía que fuera se nos valoraba mejor. Pero lo que no esperaba era que, además de optar a ganar más salario, salir de España me **iba a aportar otra cosa aún más valiosa: perspectiva.**

Fue ese cambio de entorno el que me hizo ver con claridad algo que después sería una obsesión: Necesito construir un perfil profesional más completo.

Estaba en Niza. Llevaba ya dos meses de formación, aún sin trabajo, pero perfeccionando el francés para optar a cobrar algo más de 2000 euros en una terma de algún pueblo francés. Estaba muy decidido a quedarme... cuando recibí un mensaje de Facebook tan inesperado como salvador. Una antigua compañera de colegio me había visto por redes sociales y pensó en mí para cubrir a un fisioterapeuta de la fundación del Levante UD en un torneo internacional con una de las secciones de la fundación en Holanda. No hablábamos desde hacía años. No tenía mi currículum, ni sabía nada de mí profesionalmente. Pero **sabía que era fisioterapeuta porque me había visto en una publicación en Facebook.**

Ese fue mi punto de inflexión. Ahí entendí que, si quieres que te lleguen oportunidades, **tienes que estar visible.** No basta con ser bueno. Hay que parecerlo y saberse mostrar.

Esa llamada me devolvió la motivación, el entusiasmo, y sobre todo me enseñó que la **visibilidad profesional es una herramienta estratégica**, no un adorno. A partir de ahí, mi obsesión ya no fue solo estudiar la parte técnica de la profesión, sino entender cómo posicionarme, cómo conectar con el tipo de pacientes o instituciones con los que quería trabajar y comprender la idiosincrasia de la sanidad.

Porque puedes ser el mejor fisioterapeuta del mundo, pero si nadie sabe que existes, no sirve de nada.

Voy a resumirte los fundamentos esenciales que he ido aprendiendo con los años y que cualquier profesional sanitario que quiera desarrollar una potente marca personal debería conocer para posicionarse en el mercado. De todos ellos hablamos con profundidad en los capítulos siguientes, e incluso los colaboradores del libro te enseñarán más a fondo cómo desarrollar estos temas. Pero sin duda, los cuatro puntos más necesarios son:

1. **Posicionamiento *online*:** Si no apareces en Google, no existes.
2. **Redes sociales:** No es solo entretenimiento, es estrategia.
3. **Estrategia de contenido:** El que enseña, vende. Si enseña bien.
4. **Publicidad digital:** El atajo para atraer pacientes.

Hoy en día, si no apareces en Google **no existes**. Los pacientes ya no buscan en la calle, buscan en Internet. Por eso, tener un perfil en **Google My Business**, buenas reseñas y trabajar el **SEO local** es tu nueva carta de presentación. Un perfil con cincuenta opiniones positivas puede generar más confianza que cualquier título universitario. A esto hay que sumarle la nueva tendencia a buscar todo en Chat GPT: el profesional sanitario que antes se decida a invertir en los algoritmos de búsqueda de las plataformas de inteligencia artificial será el que más destaque.

Las **redes sociales** tampoco son solo entretenimiento. Son herramientas clave para posicionarte:

- **Instagram y TikTok**: ideales para educar con contenido visual.
- **LinkedIn**: esencial si buscas oportunidades en clubes, instituciones o asociaciones.
- **YouTube**: cada vez más fisios crean contenido educativo que incluso pueden monetizar.

Además, el **contenido de valor** —como vídeos, blogs o infografías— te posiciona como experto y genera confianza antes de que el paciente llegue a tu consulta. Responder preguntas frecuentes te permite aparecer en búsquedas orgánicas sin pagar un solo euro. Y si necesitas acelerar, ahí está la **publicidad digital**: campañas SEM, Google Ads, Instagram y Facebook Ads... Hoy en día hay opciones gratuitas o muy económicas que te diferencian de quien no las utiliza.

El profesional sanitario promedio con buena estrategia digital puede llenar su agenda. El excelente profesional sin visibilidad, probablemente no.

La brecha entre crecer y estancarse cada vez es mayor. Muchos siguen esperando que los pacientes lleguen por recomendación, pero si no generas demanda, **nunca tendrás control sobre tu carrera.**

Lo viví en 2016, cuando esa simple publicación en Facebook me llevó a empezar una carrera profesional con el Levante UD de casi diez años. No fue suerte, fue **estar presente.**

Eso sí, no tengas prisa, uno de los errores más comunes es lanzarse sin planificación. O no se hace nada, o se hace todo pero sin sentido. Y ambas opciones perjudican.

Los algoritmos valoran **constancia, estructura y calidad,** no impulsos. Igual que un tratamiento mal planteado no funciona, una estrategia digital sin orden **no genera resultados.** A lo largo del libro podrás consultar los resultados de mi trabajo final del **máster** (**TFM**), en el que demostré con práctica todos los conceptos teóricos que te explico y donde te enseño cómo generé fuertes ingresos extras por el hecho de ser constante en mi estrategia.

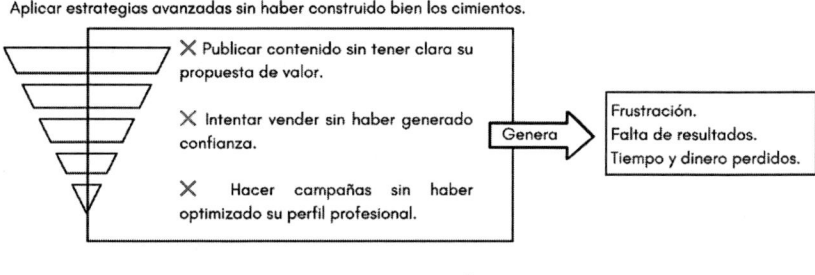

Imagen: propia

Uno de los mayores errores es querer aplicar técnicas avanzadas de *marketing* sin haber construido los cimientos. El *marketing* digital funciona como una pirámide y si la base no es sólida, lo normal es que acabe cediendo.

- **Base**: tu propuesta de valor (¿Quién eres? ¿Qué te diferencia? ¿Qué solucionas?).

- **Segundo nivel**: presencia digital bien estructurada (Google, redes, SEO).
- **Tercer nivel**: contenido educativo que genere confianza.
- **Cúspide**: estrategias de conversión y ventas.

Como te he dicho antes, tan perjudicial es no hacer nada como hacerlo todo sin sentido.

Muchos comparten contenido esperando que las ventas lleguen solas. Pero si tu mensaje no está claro, si tu producto no está definido o tu marca no está trabajada, **no conviertes**. Y el objetivo del *marketing* no es solo educar, es convertir.

Aquí entra el concepto de *funnel* (**embudo**) **de ventas**, que demuestra que no basta con atraer *leads*, hay que saber gestionarlos y redirigirlos hacia la venta. Un contacto interesado **no vale nada si no sabes qué hacer con él**. Sin estrategia son solo números. Y en un sector como el sanitario, donde la confianza lo es todo, el paciente necesita un proceso que lo lleve —paso a paso— a elegirte como su opción.

Ese proceso debe estar bien pensado, porque si no acompañas al paciente desde su primera búsqueda hasta la decisión final **perderás oportunidades, aunque estés haciendo muchas cosas bien.**

Un **lead** es una persona que ha mostrado interés en un producto o servicio, dejando sus datos de contacto en un formulario, suscribiéndose a una newsletter o interactuando con contenido de captación (Kotler & Keller, 2021).

Imagen: propia

Un **funnel** de ventas es el proceso estructurado que guía a un potencial cliente desde el primer contacto con una marca hasta la compra final. Se compone de varias fases: atracción, consideración y conversión (Chaffey & Smith, 2022).

Imagen: propia

Si todo este proceso te suena complejo y te gustaría tener más información detallada cuando acabes el libro, no te preocupes. En mi página de Gumroad tienes mi curso de **Técnicas de Venta para Profesionales Sanitarios**, donde te explico en detalle cómo construir un embudo de ventas efectivo en nuestro sector y te adapto las mejores técnicas de ventas que aprendí durante el MBA que realicé cn 2023.

Acceder a la formación es muy fácil. Simplemente vete a la página de Gumroad y busca los productos de Luis Escudero. Allí ayudo a otros profesionales a buscar alternativas a sus estrategias de venta e incluso a construirlas desde cero. Piensa que hay sectores como el farmacéutico que tienen departamentos enteros dedicados a la conversión, fidelización y venta. Profesiones como los KAM *(Key Acount Manager)* de venta farmacéutica nos sacan años de ventaja, y en el MBA descubrí que hay infinidad de estrategias utilizándose en el mercado de la sanidad que pueden aplicarse a la clínica de barrio y que pueden ser muy efectivas en los nuevos modelos de negocio.

Porque el problema no es solo atraer pacientes, sino asegurarte de que entiendan tu valor y den el paso final hacia la compra, hacia tu consulta. Sin un sistema claro, lo único que tendrás será visibilidad sin resultados.

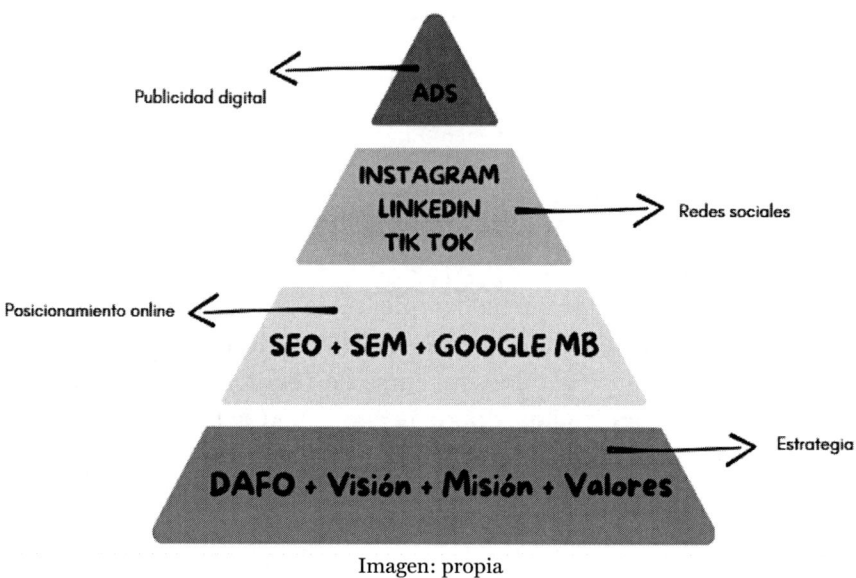

Imagen: propia

Importancia de la «Pirámide de estrategia digital»

La estrategia digital ya no es un extra en nuestra profesión: **es una herramienta clave para construir una carrera sostenible.** Entender su importancia no basta. Lo fundamental es aplicarla de forma práctica. Una estrategia sin ejecución es solo una idea sin impacto.

Para profundizar, te recomiendo el libro *Marketing Digital Healthcare* (Morder & Florensa, 2021), una de las primeras obras en español centradas en estrategia digital aplicada al sector de la salud. Dirigido a profesionales sanitarios, aborda herramientas como **SEO, redes, *inbound marketing* u omnicanalidad** para conectar con pacientes en un entorno digital. Fue una de mis primeras lecturas al descubrir el *marketing* digital sanitario y estoy seguro de que puede aportarte ideas nuevas.

Como ellos mismos advertían: «La digitalización avanza en todos los sectores y la salud no es una excepción».

En el próximo capítulo vamos a poner todo esto en práctica. Verás cómo optimizar tu presencia digital, cómo aplicar SEO de forma sencilla y cómo conseguir que, cuando alguien busque un fisioterapeuta en tu ciudad, tu nombre sea el primero que aparezca. No nos vamos a quedar solo en la teoría: como te dije en el primer capítulo, este libro es un manual para que pases a la acción.

Me di cuenta de que cuanto más avanzaba en esa dirección, más claro veía que el problema no era solo de visibilidad individual del profesional. Había algo más profundo. Algo estructural.

Como te contaba, durante mi estancia fuera de España —con todas las barreras idiomáticas, legales y administrativas que implicó— me di cuenta de que había algo que echaba especialmente en falta: una formación más amplia, más real, más conectada con la práctica profesional y con las exigencias del mercado.

No hablo solo de técnicas manuales, razonamiento clínico o anatomía aplicada. Hablo de cosas tan básicas como **entender una factura, calcular márgenes de beneficio, negociar un contrato o saber posicionarte frente a otros profesionales** en un mercado cada vez más saturado.

¿Dónde se nos enseña eso en el año 2025? Es una respuesta tan sencilla como complicada. Porque...

- ¿Es en la universidad? No.
- ¿Es durante las prácticas? No.
- ¿Es en algún momento antes de salir al mercado laboral? No.

Y entonces pensé:

¿No debería existir algún organismo que impulsara esta formación transversal de manera estructurada? ¿Una institución que no solo velara por nuestra capacitación técnica, sino también por nuestra supervivencia y desarrollo profesional a largo plazo?

Y fue inevitable, siendo valenciano y colegiado en Valencia, que esa reflexión me llevara al Ilustre Colegio Oficial de Fisioterapeutas de la Comunidad Valenciana (ICOFCV). En mi *newsletter* de LinkedIn ya debatí sobre esta incongruencia entre la necesidad actual de un cambio de modelo y la falta de opciones que tenemos como profesionales, y cómo, sin ir más lejos, me pasó a mí, siendo el único fisioterapeuta dentro de mi promoción del MBA o uno de los pocos, sino el último, que acudió en abril de 2025 al Congreso Nacional de Hospitales y Gestión Sanitaria celebrado en Zaragoza, donde pude defender mi comunicación oral de «Cómo integrar un departamento de fisioterapia en un organigrama hospitalario generando valor y sinergias hospitalarias».

Fue una grata sorpresa ver que el Colegio está en las redes, porque tuve la suerte de ser contestado por el propio decano del ICOFCV. Y cabe destacar que mi intención nunca fue señalar ni exigir algo que evidentemente no le corresponde de forma directa al ICOFVC o a la Asociación Española de Fisioterapeutas (AEF), sino que pretendía plantear un debate necesario:

¿Pueden —y deben— el ICOFCV o la AEF ser herramientas o vehículos clave para este cambio? ¿O al menos ser el altavoz que motive una evolución en la manera en que entendemos y construimos nuestra carrera profesional? Porque si no, estamos desprotegidos.

No tengo una reflexión cerrada. Pero lo que tengo claro es que el fisioterapeuta del siglo XXI no puede seguir formándose como si estuviéramos en los años 90. Porque las exigencias han cambiado. No podemos seguir jugando a ser empresarios sin tener conocimientos transversales. ¿Se le ocurriría a un alumno del grado de

Administración de Empresas (ADE) acabar la carrera y ponerse a trabajar como fisioterapeuta? Si nuestro 90 % de egresados sabemos que se van a lanzar tarde o temprano al mundo del emprendimiento, ¿no sería lógico dar unas herramientas básicas? Porque el mercado ha cambiado. Y porque, aunque suene duro, la competencia ya no es solo entre fisioterapeutas.

El ICOFCV es una corporación de derecho público, reconocida en la Constitución Española (artículo 36), cuya misión es ordenar, representar y proteger la fisioterapia en la Comunidad Valenciana. Fue inscrito oficialmente en el Registro de Colegios Profesionales el 20 de noviembre del año 2000, lo que revela que, como colectivo profesional organizado, **somos muy jóvenes.**

Pero ¿Para qué sirve?

- Ordenar la profesión
- Representar a los fisioterapeutas
- Defender nuestros intereses
- Proteger a los pacientes

Eso sí, no interviene en cuestiones salariales ni en conflictos laborales, funciones que corresponden a sindicatos o empresas. Pero sí garantiza algo esencial: que todos los fisioterapeutas estén colegiados y debidamente capacitados, como recoge la Ley 1/2000.

Y aquí quiero ser claro: el ICOFCV ha cumplido —y cumple— su función con responsabilidad. Gracias a su trabajo, hemos pasado de una imagen asociada al masaje y a ser masajistas a ser profesionales de primera intención. Un salto institucional que merece todo el reconocimiento. Prueba de ello es el volumen XXI de marzo de 2025 de su revista oficial *Fisioterapia al Día*, donde se publicó un monográfico titulado *«De un sueño a un Colegio Profesional consolidado»*, con motivo del 25 aniversario de la institución.

Ahí se podía leer: «El propósito de los colegios profesionales es regular y velar por el adecuado ejercicio de la profesión, así como fomentar el reconocimiento mutuo entre la sociedad y los fisioterapeutas». Pero también se recogía una observación crítica con la que **coincido con honestidad**: «Aún se percibe al Colegio como una institución distante». ¿Y si el Colegio también impulsara la formación transversal? ¿Y si se enfocara más en ayudarnos en esos conocimientos que desconocemos y que nos frustran?

Actualmente, el ICOFCV cuenta con **siete secciones y catorce comisiones**, creadas a propuesta de colegiados interesados en áreas específicas. Ello demuestra una estructura viva y participativa. Por eso, **¿no sería posible crear también una Comisión de Competencias Transversales? ¡Vamos a luchar por ello!**

Un espacio en el que se abordaran temas como el *marketing*, **la estrategia digital, la gestión sanitaria, habilidades de venta o fiscalidad.** No para convertirnos en empresarios, sino para evitar que **un gran fisioterapeuta acabe frustrado, infravalorado o fuera del sistema** por no saber adaptarse.

La infraestructura ya existe y los servicios que ofrece el ICOFCV son excepcionales:

- Seguro de responsabilidad civil
- Asesoramiento profesional gratuito
- Bolsa de empleo
- Formación continuada
- Plataforma *Physiociencia*
- Programa *ProET* para diseñar programas de ejercicio terapéutico
- Jornadas, congresos, encuentros científicos
- Publicaciones periódicas de gran valor a través de *Fisioterapia al Día*

Solo haría falta ampliar ligeramente la mirada hacia una necesidad de presente. Tanto el ICOFCV como su revista oficial —que ya ha demostrado capacidad de análisis, historia y proyección— podrían convertirse en **altavoces claves de la fisioterapia del futuro.** Una fisioterapia que no pierda su esencia clínica, pero que también entienda que hoy, para poder ayudar, **primero hay que ser sostenible.** Una fisioterapia que no olvide que vivimos en un entorno competitivo, digital, cambiante, y que **formarse solo en técnica ya no basta.**

Y si la AEF o ICOFCV no lidera este cambio, o al menos no lo visibiliza, **otros lo harán antes.** Y entonces, el fisioterapeuta podrá tener toda la razón pero quedarse sin voz. Porque las iniciativas saldrán desde la formación privada, no para proteger los intereses de los fisioterapeutas, sino para responder a intereses comerciales o del pequeño *lobby* de la formación que invade nuestro sistema. Por eso insisto: **esto no es una crítica. Es una propuesta. Una reflexión. Una invitación a construir juntos. Y una llamada de atención a los fisioterapeutas recién graduados y a los veteranos.**

¿No ha llegado ya el momento de ampliar la formación del fisioterapeuta también hacia estas competencias transversales? ¿No podría la AEF liderar este movimiento o, al menos, darle visibilidad desde su posición?

¿Cuántos errores has cometido desde que abriste tu clínica?

Si tú también crees que sí, sigue leyendo. Porque en el próximo capítulo vamos a poner las bases de esa transformación profesional —desde abajo, desde tu consulta, desde tu día a día— con dos herramientas muy concretas y básicas con las que empezar y que pueden marcar la diferencia.

Porque **hoy más que nunca, la visibilidad no es una cuestión de suerte. Es una decisión estratégica.**

Capítulo 4

LA IMPORTANCIA DEL GOOGLE MY BUSINESS Y DE SEO PARA PROFESIONALES SANITARIOS

Consejo:

Google no busca excelencia, busca
perseverancia y consistencia.

LUIS ESCUDERO

Recomendación:

Configurar tu perfil de Google My Business no es una opción, es una obligación si quieres que te encuentren. Y no basta con activarlo: si no lo alimentas, desapareces. Las reseñas, las fotos recientes, las publicaciones periódicas o responder preguntas no son detalles, son lo que te mantiene vivo en Google. Da igual lo bien que trates a tus pacientes si nadie sabe que existes. Google no premia tu experiencia, premia tu constancia. Y si tú no apareces, otro con menos formación, pero más estrategia, ocupará tu lugar. Deja de esperar a que los pacientes lleguen solos. Sé visible o sigue siendo invisible para esos nuevos pacientes. Tú decides.

Quien tiene un propósito, encuentra sentido incluso en los días más rutinarios.

Ikigai (2016)

Héctor García y Francesc Miralles

Como te conté en el capítulo anterior, invertir mi tiempo en la Fundación del Levante UD fue una de las mejores decisiones que tomé. Me permitió volver a España con una experiencia diferencial, darme a conocer en un club con estructura profesional y me ayudó a posicionarme con el tiempo en una clínica en Valencia. Lo que no sabía en ese momento es que este camino me llevaría a descubrir algo que cambiaría mi carrera para siempre: **el poder del *marketing* digital aplicado a la profesión sanitaria.**

Pasaban los años y yo sentía que crecía profesionalmente. Fui ascendiendo profesionalmente dentro de la estructura del Servicio Médico del Levante UD, crecían mis competencias profesionales, fidelizaba externamente una cartera estable de pacientes en la clínica y estaba contento, mientras invertía mis años laborales en un trabajo que disfrutaba. Pese a lo que se pueda pensar de la fisioterapia deportiva, los primeros años renuncié a un salario competitivo, sí. Pero lo que encontré en el Servicio Médico del Levante UD fue mucho más valioso: un entorno donde la profesión se respetaba, donde el trabajo bien hecho tenía sentido y donde el liderazgo —aunque no se viera— se notaba en cada detalle.

Estar dentro de una estructura sólida, donde incluso el último fisioterapeuta en incorporarse se sentía parte del proyecto desde el primer día, fue una lección de lo que realmente significaba **invertir por pertenencia.**

Al trabajar desde 2014 en más de seis empresas diferentes, he podido ver también la otra cara de la gestión de equipos humanos. Y
eso, lejos de decepcionarme, me ayudó con el tiempo a entender y a
agradecer aún más el valor de tener a buenos gestores y compañeros
al frente. Porque cuando el liderazgo es débil, ausente, o no está
alineado con los objetivos o la logística de la empresa, la estructura
y el equipo se resienten, y eso se nota en el ambiente.

Con el tiempo, me he dado cuenta de que lo que marcó mucho más
ese punto de inflexión en mi carrera profesional no fue el fútbol, sino
la oportunidad que surgió para liderar el departamento de fisioterapia de la empresa que compaginaba con el Levante UD.

No fue casualidad. Nunca lo es. No esperé sentado a que alguien me
lo ofreciera. Lo he dicho en el primer capítulo **el esfuerzo siempre
ha sido el camino,** así que vi una oportunidad y me lancé a por ella.

En la empresa donde trabajaba, la fisioterapia era solo un servicio
más dentro de una estructura de salud más amplia (como lo es ha-
bitualmente). El potencial estaba ahí, pero nadie lo estaba aprove-
chando. Un día, toqué la puerta del gerente y le dije: «Aquí hay una
oportunidad enorme. Veo muchas posibilidades en el departamento
de fisioterapia. Si te presento un proyecto para hacerlo crecer, ¿me
darías la oportunidad de liderarlo?» No fue un sí inmediato. Fue un
«si me presentas un buen proyecto, el puesto es tuyo».

Y ese fue el momento en que entendí que la fisioterapia no solo es
un servicio de salud, sino que hay detrás de ella un negocio que tiene
que ser gestionado con estrategia.

El proyecto le gustó y, simplemente, se añadió un anexo a mi contrato
de unas cuantas horas pagadas sin pacientes (no asistenciales), con
el objetivo de hacer crecer el departamento de fisioterapia dentro de
la empresa. Como coordinador del departamento, empecé a trabajar

codo con codo con la compañera de *marketing* y con una empresa externa que gestionaba la creación de la marca, la auditoría constante de identidad como empresa y las posibles estrategias de captación de pacientes. Hasta ese momento pensaba que el crecimiento de una clínica dependía de las referencias, del boca a boca, de la calidad del servicio. Pero en cada reunión de *marketing* descubría y asimilaba la idea de algo que cambiaba completamente mi visión de la profesión y que ya hemos repetido anteriormente.

No basta con ser bueno, tienes que aparentarlo.

Para un segundo. Proyecta este pensamiento en tu mente. Acabas el grado. Te animas a emprender. Abres una clínica ¿Y ahora qué? O tienes la suerte de tener un «apoyo económico» o tendrás que hacer acciones para dirigir a los pacientes hasta tu clínica.

Los fisioterapeutas llevamos años diciendo que el boca a boca es nuestra mejor estrategia. Y sí, sigue funcionando, pero es lento, poco escalable y no te da un control real sobre tu agenda.

En las reuniones de *marketing* veía cómo trabajaban para atraer pacientes a la clínica. Utilizaban Google My Business, SEO, publicidad digital, reseñas, contenido estratégico, identidad de pertenencia, DAFOS... «Qué locura», pensaba en ese momento. Yo por dentro me preguntaba: si esto funcionaba para una empresa, ¿por qué no iba a funcionar para un perfil profesional sanitario individual? ¿Pero qué es el Google My Business y por qué empezar por ahí?

Google My Business (GMB)

Es el escaparate digital de cualquier profesional, sea sanitario o no sanitario, pero es un escaparate que los profesionales sanitarios no estábamos utilizando. No es solo una ficha en Google. Es la carta de presentación de cualquier fisioterapeuta o profesional sanitario que quiera ser visible en su ciudad.

¿Cómo asegurarte de que tú seas una de las primeras opciones?

Google My Business es la puerta de entrada a tu posicionamiento en Google, a que aparezcas en Internet. Es la primera herramienta que te permite aparecer en búsquedas locales, dar confianza a los pacientes y empezar a trabajar tu marca personal sin necesidad de invertir en publicidad o de construir una web desde cero. Es el vehículo que te permite entrar en el mapa de Google y empezar a generar visibilidad. Sin él estás parado en la línea de salida sin posibilidad de arrancar.

Pero no solo vale con crearte el perfil y dejarlo en la red, necesitas la gasolina. Es donde aparece el SEO (*Search Engine Optimization*) que te da esa velocidad para que puedas crecer y expandirte. Puedes tener el mejor motor SEO técnico, pero si no tienes un vehículo como Google My Business bien optimizado, tu marca personal no llegará a ningún lado.

Y aquí te regalo un consejo de alguien que, antes de hacer su trabajo final de MBA, lo llevó muy mal en repetidas ocasiones con el binomio GMB/SEO. Antes de invertir tiempo y dinero en estrategias de SEO avanzadas, asegúrate de que tienes un perfil en Google My Business que realmente trabaje para ti, porque si no, estás perdiendo tiempo.

SEO (*Search Engine Optimization*)

El SEO es una carrera de fondo, pero Google My Business es el atajo que te permite empezar a competir desde el primer día. Crea una ficha con toda tu información:

NOMBRE	DIRECCIÓN	TELÉFONO	HORARIOS	SERVICIOS

Añade fotos de calidad, imágenes de la clínica, del equipo, del espacio de trabajo. Pide reseñas a tus pacientes, porque Google valora los perfiles con mejores valoraciones. Publica contenido regularmente, porque priorizan los perfiles activos. Ya estás haciendo mucho más que muchos, estás empezando a diferenciarte de la competencia.

Una de las mayores dificultades cuando se empieza a trabajar en la visibilidad digital es que el SEO parece un concepto demasiado técnico, reservado solo para expertos en *marketing*. Pero en realidad, cualquier fisioterapeuta puede aplicar SEO a su perfil profesional, aunque no tenga conocimientos previos. La clave es saber por dónde empezar y seguir un proceso claro. Es la estrategia que permite que tu perfil, tu web o tu contenido aparezcan en los primeros resultados de Google sin necesidad de pagar anuncios. Y sí lo entiendo, te estoy llenando la cabeza de conceptos, pero no te estoy enseñando nada práctico ¿Cómo funciona el SEO en fisioterapia? ¿Qué hay que hacer?

Si nunca has trabajado SEO, empieza con estos **tres pasos esenciales**:

1. Crea y optimiza tu perfil en Google My Business.
2. Haz una lista de 5-10 preguntas frecuentes que te hacen los pacientes.
3. Escribe un artículo en tu web respondiendo una de esas preguntas con un título atractivo.

Con solo estas tres acciones, estarás mejor posicionado que la mayoría de los fisioterapeutas que no trabajan su visibilidad *online*.

No puedes olvidarte de las ***key words***. Tienes que conocer que son estas palabras clave estratégicas, porque no es lo mismo escribir «rehabilitación avanzada», que «esguince», que «fisioterapeuta para esguinces en Valencia». Tienes que utilizar las palabras que los pacientes realmente buscan. Para ello hay herramientas gratuitas que te ayudan a conocer qué palabras son las más utilizadas según el sector en el que trabajes. Y, por último, tienes que tener claro que es imprescindible una optimización técnica, porque Google favorece las páginas rápidas, seguras y bien estructuradas.

Algunas de estas herramientas gratuitas para buscar palabras clave son:

1. **Google Keyword Planner.** Herramienta oficial de Google. Permite conocer qué términos buscan los usuarios, con qué frecuencia y en qué zonas geográficas. Requiere tener una cuenta de Google Ads (gratuita) pero no necesitas invertir dinero para acceder a sus funciones.

2. **Ubersuggest (Neil Patel).** Muy visual y fácil de utilizar, ideal si no tienes experiencia previa. Ofrece sugerencias de palabras clave, volumen de búsqueda mensual, nivel de competencia y ejemplos de páginas bien posicionadas. Tiene una versión gratuita suficiente para iniciarte.

3. **Answer The Public.** Permite descubrir las preguntas reales que la gente hace en Google sobre un tema. Aporta una visión muy útil para generar contenidos centrados en lo que tus potenciales pacientes están buscando.

4. **Keyword Tool.** Genera ideas de palabras clave a partir de un término inicial. Funciona con múltiples plataformas (Google, YouTube, Amazon). La versión gratuita ofrece datos básicos que son más que suficientes para fisioterapeutas que empiezan a trabajar su presencia digital.

5. **Google Trends.** Muestra la evolución de una palabra clave en el tiempo. Es útil para detectar tendencias, temas de interés creciente y comparaciones entre diferentes términos relacionados con tu sector.

Como te digo, el SEO es una maratón, no un *sprint*. Pero cada pequeño paso que des hoy será una ventaja para el futuro.

Y ahora que entiendes cómo funciona, te voy a enseñar los resultados de mi TFM. ¿Por qué? Para que veas el potencial de utilizar bien el binomio GMB/SEO y el rendimiento económico que ello conllevará en tu marca personal o en tu clínica si lo aplicas con estrategia. Mi TFM tiene por título: *Impacto de la Gestión y Marketing Digital Sanitario en la Creación de una Marca Personal en Fisioterapia: Un Estudio Retrospectivo del Caso de Fisioescudero*

Te lo voy a poner fácil, porque si lo quieres leer y consultar al completo de forma gratuita puedes acceder a él de tres opciones diferentes:

1. Descargarlo de mi página de Gumorad (Luis Escudero) donde lo puedes encontrar de forma gratuita.
2. En mi *newsletter* de LinkedIn.
3. Escribiéndome un correo a escudero.soria@hotmail.com

El objetivo del TFM fue experimentar toda la teoría que te he contado durante estos dos capítulos a través de una experiencia personal. Antes de este TFM yo era un curioso de la estrategia digital y del *marketing*, pero nunca me había parado a montar un plan estratégico para potenciar una marca personal. Así que me puse a ello, y te adelanto el resultado: vas a ver que gané en visualizaciones y seguidores, pero lo más importante es que tuve una **repercusión económica** a través de la captación y la conversión, porque conseguí transformar esos *leads* de los que hablábamos antes hacía la consulta privada en forma de sesiones de fisioterapia.

Sesiones totales realizadas desde Google My Business

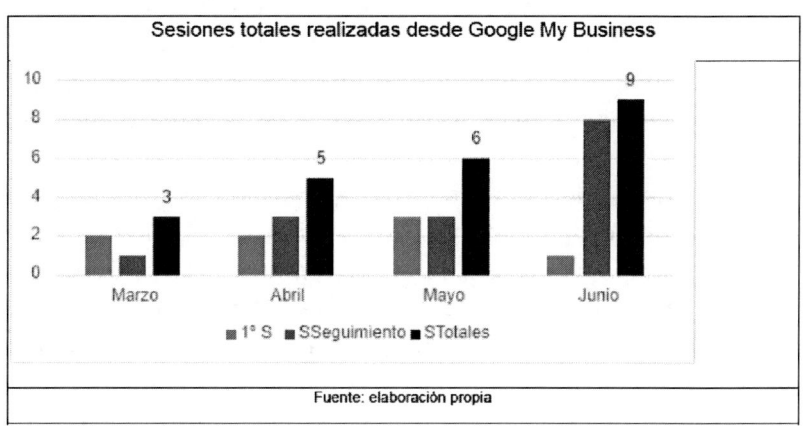

Sesiones totales realizadas desde Instagram (Fisioescudero)

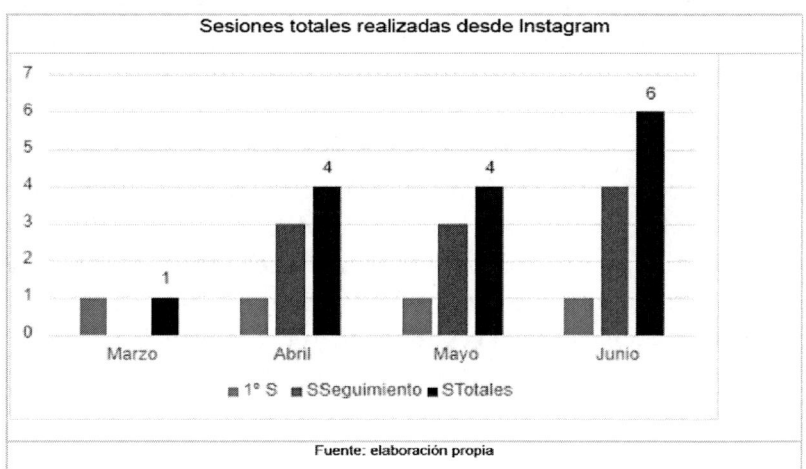

El TFM concluye de la siguiente forma:

Se ha demostrado de manera contundente la efectividad de una estrategia digital integrada para aumentar la visibilidad, captación y fidelización de pacientes. A través de una combinación de herramientas como Google My Business, junto con una presencia activa en redes sociales como TikTok, Instagram y LinkedIn, se ha conseguido, no solo posicionar la marca en el mercado, sino también generar interacciones valiosas que se han traducido en consultas y conversiones efectivas.

El análisis de los datos métricos recogidos a lo largo de cinco meses revela un alcance significativo, con un total de 1182 personas alcanzadas y una media de 236,4 interacciones al mes. Google My Business ha sido una pieza clave en esta estrategia, con 536 interacciones provenientes de Google Maps y 646 desde Google Search, lo que demuestra la importancia de una buena optimización SEO en la captación de nuevos clientes. TikTok ha sido la plataforma que ha generado el mayor alcance, con 129,99 mil visualizaciones, lo cual era esperado dada la naturaleza viral de su algoritmo. Sin embargo, Instagram se destacó por ser la red con mayor nivel de interacción, acumulando un total de 23,19 mil reacciones, lo que subraya la capacidad de esta plataforma para construir una comunidad comprometida alrededor de la marca.

Finalmente, estos esfuerzos han resultado en 407 clics en la página web, 17 llamadas telefónicas y 289 consultas de dirección en Google Maps, demostrando que la combinación de una buena gestión de Google My Business con una estrategia sólida en redes sociales puede tener un impacto significativo en la visibilidad y en la generación de leads.

Resumen conversión económica (euros)

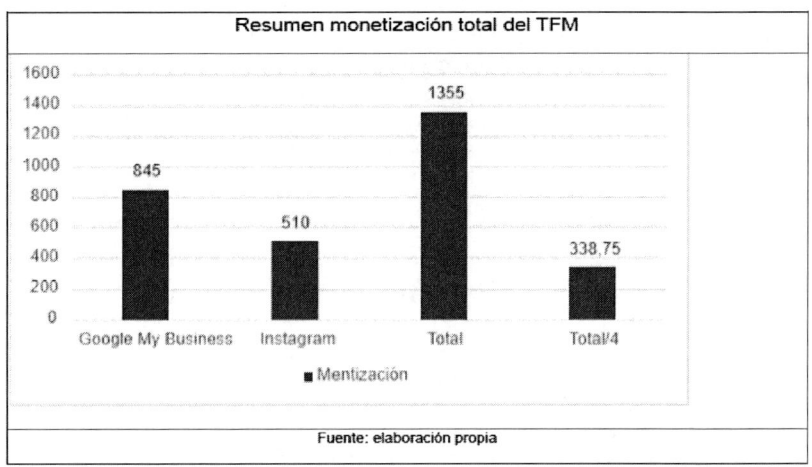

Fuente: elaboración propia

Teniendo en cuenta los precios de la clínica —cada primera sesión son 40 euros y cada sesión de seguimiento son 35 euros (45 min), quedando registrado este total de sesiones en 1355 euros—, podemos concluir que en un tiempo aproximado de cuatro meses el proyecto de la marca personal Fisioescudero ha generado una cuantía económica de 339 euros aproximadamente al mes.

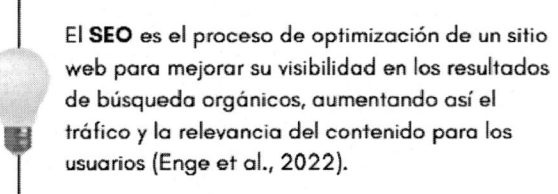

El **SEO** es el proceso de optimización de un sitio web para mejorar su visibilidad en los resultados de búsqueda orgánicos, aumentando así el tráfico y la relevancia del contenido para los usuarios (Enge et al., 2022).

Imagen: propia

Google My Business es una plataforma gratuita de Google que permite a empresas y profesionales gestionar su presencia en los resultados de búsqueda y en Google Maps, facilitando la interacción con clientes y mejorando la visibilidad local (Clarke, 2021).

Imagen: propia

Pasos de la estrategia digital del 1 al 10

1 Define tu especialización y tu mercado objetivo
¿Qué tipo de fisioterapia ofreces? ¿Quién es tu paciente ideal? ¿En qué ciudad o área geográfica quieres posicionarte?

2 Crea y optimiza tu perfil en Google My Business
Completa toda tu información + Añade imágenes de calidad + Solicita reseñas de pacientes + Publica actualizaciones regularmente

3 Crea una página web optimizada para SEO
Debe ser rápida y estar adaptada a móviles. Con palabras clave estratégicas en los títulos y descripciones. Crea botón de reserva de cita. Crea una sección de blog

4 Investiga qué palabras clave buscan los pacientes
Usa herramientas como: [Google Keyword Planner/ Ubersuggest / AnswerThePublic]. El objetivo es encontrar las palabras clave con las que los pacientes te buscarán.

5 Crea contenido útil en tu blog
Empieza escribiendo artículos en tu web que respondan a dudas comunes de los pacientes. Ejemplo: "Cómo recuperarse más rápido de una lesión muscular"

6 Optimiza imágenes y videos para mejorar tu SEO
Usa nombres de archivo descriptivos ("ejercicios-para-rodilla.jpg") en lugar de "IMG_1234.jpg". "Que Google pueda entender el contenido"

7 Consigue enlaces de calidad hacia tu web
Publica artículos en blogs especializados en fisioterapia. + Regístrate en directorios de profesionales sanitarios. + Colabora con profesionales que te recomienden en sus webs.

8 Ajusta los títulos y descripciones de cada página
Cada página de tu web debe estar optimizada con: Un título llamativo con palabras clave y una descripción clara y atractiva

9 Google Search Console y Google Analytics
No puedes mejorar lo que no mides. Usa estas herramientas gratuitas de Google para medir tus resultados.

10 Sé constante y revisa tu estrategia mensualmente
El SEO no es un sprint, es una carrera de fondo. [Publica contenido nuevo cada mes + Pide reseñas a nuevos pacientes regularmente + Ajusta tu web y tu perfil]

Imagen: propia

Capítulo 5

LA GESTIÓN QUE NUNCA NOS ENSEÑARON. LA HISTORIA DE CLINICS DEVELOPERS, POR CARLOS DOLZ

Consejo:

Rodearte y elegir bien con quién trabajas vale
más que cualquier máster.
Luis Escudero

Recomendación:

En muchos trabajos no puedes elegir con quién compartes sala, pero cuando tengas la opción de decidir —entre dos clínicas, proyectos o equipos— no mires solo el salario o las condiciones: mira la calidad humana. Porque por muy bien formado que estés, si trabajas rodeado de personas sin visión, sin ética o sin ganas, te apagarás antes de darte cuenta. Por eso valoro tanto las colaboraciones que nacen desde la admiración mutua y los valores compartidos. No fue casualidad, fue decisión. Rodéate de personas que te reten, te respeten y te impulsen. Cuando puedas elegir equipo, elige bien. Porque hay entornos que te enseñan más que cualquier máster.

La suerte no es cuestión de azar, sino de preparación y oportunidad.

La buena suerte (2004)
ÁLEX ROVIRA

En el capítulo anterior hemos visto cómo la estrategia digital puede marcar la diferencia entre el éxito y el estancamiento profesional. Pero la gestión de una carrera sanitaria va mucho más allá del SEO o la captación de pacientes. ¿Qué pasa cuando llega el momento de negociar un contrato, calcular tarifas o decidir entre ser autónomo o asalariado, invertir en transformación digital y en optimización de procesos?

Aquí es donde la mayoría de los fisioterapeutas se dan cuenta de que, aunque dominan la anatomía y la biomecánica, carecen de las herramientas necesarias para navegar por el mundo laboral con seguridad. Y este vacío no es casualidad: la universidad nos forma como sanitarios, pero no como profesionales que necesitan gestionar su propia carrera. **Nos forman como empleados, pero no como empleadores.**

Es un problema que no solo afecta a la fisioterapia. Ocurre en la mayoría de las profesiones sanitarias. Y hay quienes, desde dentro del sector, han detectado esta carencia y han decidido hacer algo al respecto.

Carlos Dolz Peris es podólogo de formación, pero su verdadera especialización no la encontró en la universidad, sino en la experiencia real del sector sanitario. Como tantos otros, al terminar la carrera descubrió que nadie le había enseñado a gestionar su propia profesión. Con esa inquietud nació Clinics Developer, una escuela de negocios diseñada específicamente para sanitarios. Su propósito es claro: enseñar a los profesionales de la salud lo que la universidad nunca les enseñó sobre gestión, finanzas y emprendimiento. Su enfoque es directo y práctico, dirigido a sanitarios que quieren dejar de depender de un sistema que no los protege.

Conocía virtualmente a Carlos por LinkedIn, incluso habíamos interactuado y conectado por esta red en algún varias veces. Pero hasta la creación de este libro y mi atrevimiento a pedirle esta colaboración —que tanto creo que puede ayudar al lector— no establecimos la primera reunión. Su escuela de negocios ayuda a otros profesionales sanitarios a mejorar la gestión de sus clínicas a través de un asesoramiento y una formación *online* sin horarios y adaptados a cada alumno. Pero mejor que te lo cuente él mismo. En la siguiente sección, Carlos comparte su visión sobre la ausencia de formación en gestión en las carreras sanitarias, qué le llevo a fundar Clinis Developers y cómo esto impacta en la realidad laboral de miles de profesionales.

"Cuando un sanitario entiende de verdad cómo funciona su profesión desde la gestión, todo encaja. Ya no siente que trabaja sin rumbo. Sabe qué está pasando, qué puede corregir, qué palancas debe mover.

Carlos Dolz Peris

La historia de Clinics Developers, por Carlos Dolz

Mi historia tiene un punto de partida algo distinto al de la mayoría. Empecé la carrera de podología ya con unos años más que el resto de mis compañeros y eso, quieras o no, te da otra perspectiva. Ya había trabajado antes, ya sabía cómo funcionaba un poco «el mundo real», y por eso desde el segundo año de carrera sentí una inquietud que no se me quitaba de la cabeza: si me quedo solo con lo que me enseñan aquí, no estoy preparado.

Así que me puse en modo explorador total. Empecé a pedir prácticas extracurriculares como un loco. Mi objetivo era sencillo: ver todas las clínicas de podología posibles, entender cómo funcionaban por dentro. Y lo logré. Durante segundo, tercero y cuarto pasé por 27 clínicas diferentes. Y no te hablo de ver solo la parte clínica —que por supuesto es importante—, sino de ver el *backstage*, lo que nadie nos cuenta.

Ahí fue cuando me cayó la ficha: la calidad asistencial ya no es un diferenciador. Tiene que ser lo mínimo exigible. Es decir, si el paciente siente que no le estás dando un diez, ni siquiera te elige. Así que si tu única estrategia para competir es «dar buen trato» o «ser buen clínico», estás jodido. Porque eso no basta.

Lo fuerte fue que en esas 27 clínicas vi de todo: desde centros que cerraban presupuestos quirúrgicos de 4000 euros, hasta clínicas donde no conseguían ni vender una cirugía básica de uñero por 300. Clínicas vacías frente a otras con lista de espera. Algunas que hacían solo quiropodias y otras que tenían un abanico enorme de servicios con plantillas, estudios biomecánicos, cirugía... ¿Qué marcaba la diferencia? La gestión.

Y ahí fue donde abrí los ojos. Entendí que, al final, casi todos los sanitarios acabamos en dos vías: o abres tu propia clínica o trabajas como autónomo en la de otro. Pero en ambos casos eres un emprendedor. Y, como emprendedor, necesitas algo más que técnica clínica. Necesitas entender de números, de personas, de estrategia. Porque si no lo haces, no solo no creces: pones en riesgo la atención que das.

Te pongo un ejemplo muy claro. En fisioterapia (pero esto se aplica a todo), cuando los números no salen, se empieza a recortar por donde no se debe: menos tiempo por paciente, meter más volumen, tirar de máquinas que no sabes si aportan valor... y todo porque no hay una base de gestión sólida. Y claro, al final, eso afecta a la calidad asistencial. Por eso digo que una mala gestión no solo es un problema de negocio, también es un problema clínico.

Mi salto de clínico a emprendedor fue un poco orgánico. Tuve la suerte de que me fichó una empresa grande con clínicas por todo el mundo. Empecé pasando consulta, pero pronto vi que lo mío no era estar solo en el box. Me motivaba más entender cómo crecía una clínica, cómo se gestionaba. Así que me metí en el departamento de desarrollo de negocio y, poco a poco, fui liderando la gestión de varias clínicas: estrategia, *marketing*, operaciones...

Y ahí, en contacto con clínicas de podología, pero también de otras especialidades como fisioterapia, nutrición, traumatología, odontología... me di cuenta de que el problema era transversal: nadie nos ha enseñado a gestionar. Literalmente, nadie.

Y claro, si el 90 % de profesionales sanitarios con carreras como Fisioterapia, Podología u Odontología están en el ámbito privado y no en el público, ¿cómo puede ser que no tengamos ni idea de cómo funciona un negocio? Ahí entendí que o aprendíamos de gestión o seguíamos atrapados en un sistema donde el sanitario es el último mono, aunque sea el que más valor genera.

Si me preguntas por qué en la universidad no se enseña gestión, *marketing* o administración, cuando la mayoría de los sanitarios van a acabar dependiendo de eso, mi respuesta es clara: el sistema está mal montado.

No es solo que no se enseñe. Es que no hay estructura, ni profesorado preparado, ni una visión de futuro en los planes formativos. Los docentes que te dan clase no tienen experiencia real en gestión de clínicas y, al final, ¿cómo van a enseñar algo que ni ellos han vivido? Aquí ya no sé si va antes el huevo o la gallina: si es que no hay profesores formados porque el sistema no lo exige, o si el sistema no lo exige porque no hay nadie formado. Pero el resultado es el mismo: salimos con un título bajo el brazo, pero sin saber cómo funciona el mundo que nos espera al salir.

El problema de base es que el sector sanitario es un sector validado por necesidad: hay podólogos, fisios, dentistas o nutricionistas porque hay gente que los necesita. Así que tú puedes montar una clínica sin saber absolutamente nada de gestión y sobrevivir. Pero cuidado, una cosa es sobrevivir y otra muy distinta es crecer y no estancarte.

Y aquí es donde entra otro factor clave: cada vez hay más sanitarios y más clínicas, sobre todo por el auge de universidades privadas. Eso reduce el pastel, disminuye la proporción de pacientes por profesional y nos obliga a competir de verdad. Es aquí donde entra la diferencia entre tener una empresa rentable, un autoempleo caro o directamente cerrar la clínica. Porque si el día que no pasas consulta tu clínica pierde dinero, lo que tienes no es un negocio: es una jaula.

Uno de los errores más comunes que veo es pensar que ser buen clínico es suficiente para abrir una clínica. Lo siento, pero no lo es. El día que abres las puertas de tu clínica ya no eres solo fisioterapeuta o podólogo. Eres empresario. Y como tal, el valor que aportas no está solo en la camilla, sino en tu capacidad para gestionar: finanzas, equipo, operaciones, decisiones estratégicas...

Otro error: confundir autoempleo con emprendimiento. Porque muchos montan su clínica pensando que van a ser más libres y acaban siendo esclavos del proyecto. Si no estás, no ingresas. Y encima, cuando haces números, te das cuenta de que ganabas más siendo autónomo en la clínica de otro sin haber puesto ni un euro.

Y claro, después vienen los problemas: inversión fuerte para montar tu clínica, pero sin rentabilidad; sobrecarga brutal de trabajo; sensación de estancamiento; frustración por no llegar a fin de mes después de haberlo apostado todo. Ello es consecuencia de no tener formación en gestión, en finanzas, en *marketing*, en estrategia.

¿Y qué cambiaría del sistema educativo? Pues lo primero sería reconocer la magnitud del problema: más del 85 % de los sanitarios trabajan en el sector privado, muchos como autónomos o emprendiendo. En cambio, menos del 20 % de los que estudian ADE acaban montando su empresa. ¿Entonces? Tenemos a miles de profesionales montando clínicas sin tener ni idea de montar un negocio. Y eso es un cóctel explosivo.

Lo ideal sería que ya en la carrera hubiera un módulo serio, real y aplicado sobre cómo funciona el mercado sanitario. Pero si eso no es viable, al menos debería haber una formación obligatoria justo al terminar, antes de hacer ni una sola inversión, que te ayudara a aterrizar. Un máster, un curso, algo práctico que te diera una visión real del negocio. No sirve un máster genérico que no se aplique a tu especialidad. Necesitamos algo que nos enseñe lo que nadie nos enseñó: cómo establecer los precios, cómo atraer pacientes, cómo hacer una factura, cómo analizar los números de tu clínica, cómo tomar decisiones estratégicas o cómo hacer rentable tu clínica.

Porque la realidad es esta: si quieres crecer **te va a tocar emprender.** Y si no sabes cómo hacerlo, **te vas a pegar la hostia.**

Cuando empiezas a mirar tu profesión desde la gestión y el negocio, cambia todo. No es que cambie tu mentalidad, es que te cambia la vida entera. Dejas de verte como un sanitario que pasa consulta y empiezas a entender cómo funciona de verdad la medicina privada. Te das cuenta de que hay palancas que puedes mover para no estar todo el día, desde las ocho de la mañana hasta las ocho de la tarde metido en una camilla, paciente tras paciente, año tras año. Empiezas a trabajar con cabeza, no solo con las manos.

Te pongo un ejemplo muy claro. Hemos trabajado con clínicas de fisioterapia, tanto de nueva apertura como con años en activo, que han aumentado su facturación un 30 % en un año, y con ello su rentabilidad ha subido casi un 10 %. ¿Sabes lo que significa eso en números? Que al final del año una clínica puede estar generando 80 000 euros más de beneficio antes de impuestos. Y lo mejor: sin que el fisioterapeuta tenga que estar todo el día en la camilla.

Porque no se trata de dejar de trabajar, se trata de trabajar menos horas en consulta y más en el negocio, donde realmente aportas valor. ¡Ojo! No te estoy vendiendo que vas a vivir en la playa. Si tienes una clínica, tienes que estar. Pero una cosa es estar todo el día currando en consulta y otra es dirigir un proyecto con visión. Y cuando lo haces bien, ganas más, trabajas mejor y —sobre todo— recuperas tu libertad.

Ahora bien, ¿cuáles son los mitos más tóxicos que arrastramos en este sector? Pues hay unos cuantos, pero voy a ir al grano, aunque suene duro.

Si eres fisioterapeuta y estás contratado, vas a ser pobre. Y lo digo así de claro, porque me duele ver tanto esfuerzo tan mal recompensado. Te vas a formar más que la mayoría de tus amigos, vas a trabajar más horas que muchos de ellos... y vas a cobrar menos. Porque la fisioterapia, como muchas otras ramas sanitarias, es vocacional. No estás aquí por dinero. Pero una cosa es eso y otra es que te tengas que resignar a cobrar lo mismo toda la vida, hagas lo que hagas.

Y sí, hay fisioterapeutas contratados que ganan 28 000 o 30 000 euros al año, pero te aseguro que son una minoría. Y no porque el empresario sea malísimo o quiera explotar a nadie, sino porque los números simplemente no dan. Un fisioterapeuta, incluso trabajando a pleno rendimiento —agenda llena todos los meses del año, 40 horas semanales sin fallos—, no genera suficiente margen como para que la empresa pueda pagarle mucho más. Es así. Son matemáticas.

Piensa en todo lo que hay detrás de una consulta: gastos de estructura, captación de pacientes, herramientas, personal de apoyo, impuestos... y sí, también la parte de Hacienda. Cuando haces bien los cálculos, te das cuenta de que el rendimiento económico que genera un fisio tiene un techo. No por falta de talento, sino por cómo está estructurado el sistema.

Como autónomo en clínicas de terceros puedes rascar un poco más, eso es cierto. Eres más libre, puedes negociar tus condiciones y moverte. Pero no te engañes: el día que dejas de trabajar, no cobras. Y créeme, con cincuenta años, yendo de clínica en clínica con la mochila al hombro, no es tan divertido como parece ahora. Ese modelo tiene fecha de caducidad y lo sabes.

Y luego está el salto de montar tu propia clínica. Suena bien, pero si lo haces sin tener ni idea de gestión, lo más probable es que te estampes. Porque no basta con saber de fisioterapia. Necesitas entender de rentabilidad, de estrategia, de costes, de captación, de retención, de operaciones... Y si no manejas todo eso, en cuanto entres en una zona mínimamente competitiva vas a pasarlo mal. Muy mal. Porque no es que no seas bueno, es que vas a estar jugando un juego que no sabes cómo se gana.

Y, por eso, cuando me preguntan:

¿Qué le dirías a un fisioterapeuta que se siente atrapado trabajando siempre para otros, sin avanzar?

Mi respuesta es clara: **o emprendes o cambias de sector.**

Sé que suena radical, pero es que es así. Si no te llena tu trabajo, si te frustra sentir que no avanzas, que no hay reconocimiento ni mejora salarial... no pienses que yéndote a otra clínica va a cambiar mucho. El mercado es sabio. Las medias salariales son las que son. A no ser que asumas roles de coordinación, ventas o dirección —donde haya parte variable—, vas a estar en el mismo sitio dentro de diez años.

Y, siendo muy honestos, hay personas trabajando en un supermercado, sin formación sanitaria, que ganan lo mismo —o más— que muchos fisioterapeutas, con menos estrés y menos carga física. Es duro de aceptar, pero hay que decirlo. Porque la clave aquí no es cuánto cobras por hora, sino qué haces tú con ese margen, cómo estructuras tu negocio, cómo decides jugar la partida.

Cómo nace Clinics Developer

Clinics Developer nace de una necesidad tan evidente como ignorada: el profesional sanitario, en la práctica, es un emprendedor. Da igual que abras tu propia clínica o trabajes como autónomo en la de otro: estás en el mercado, compitiendo, tomando decisiones de negocio, sin tener ni idea de cómo se hace.

Detectamos que más del 85-90 % de los profesionales sanitarios acaban en este escenario. Pero el problema no es solo ese. Es que, además, el sector está cada vez más saturado, más competitivo y con márgenes más ajustados. Diferenciarse es más difícil. Atraer pacientes, fidelizarlos y ganarse bien la vida, también. Y para eso hace falta algo más que técnica clínica: hace falta estrategia, *marketing*, control financiero, saber medir resultados... Y eso nadie nos lo enseñó.

Por eso nace Clinics Developer: para cubrir ese vacío brutal que hay entre lo que nos enseñan en la universidad y lo que necesitamos saber en la vida real si queremos tener una clínica rentable, sostenible y que no nos consuma la vida.

Los pilares que no te enseñan, pero que necesitas dominar

Hay cinco pilares que cualquier profesional sanitario debería tener claros si quiere sobrevivir (y prosperar) en este sector:

- **Finanzas:** Tienes que controlar los números de tu clínica. Saber cuál es la rentabilidad real de cada servicio, cuánto margen dejas, dónde se te va el dinero y si estás por encima o por debajo de lo que el sector considera sano.
- **KPIs (Indicadores clave):** Si no mides, no mejoras. Necesitas saber si estás facturando bien, si tu rentabilidad está en la media, si tus costes de personal o *marketing* están descontrolados. Los KPIs te dan la foto real de tu negocio.
- *Marketing* **(del de verdad):** No vale con hacer cuatro posts en Instagram. Tienes que saber cómo atraer pacientes, cómo generar confianza y cómo hacerlo según tu zona, tu especialidad y tu modelo de clínica.
- **Estrategia:** Sin visión a corto, medio y largo plazo, solo estás apagando fuegos. Necesitas hitos, objetivos y una hoja de ruta clara.
- **Operaciones:** Cómo funciona tu clínica por dentro. Cómo haces que el equipo rinda, que el paciente tenga una experiencia excelente y que todo fluya sin que dependa al 100 % de ti.

Si uno de estos pilares falla, lo normal es que termines atrapado en tu propia clínica, con un autoempleo carísimo y la sensación de no avanzar.

¿Y qué resultados han conseguido mis alumnos?

Si te soy sincero, no tengo ni un solo cliente que, después de completar al menos un tercio del programa —ya sea con sesiones grupales o asesoramiento uno a uno—, no me haya dicho «gracias». Todos, sin excepción, han experimentado un cambio de mentalidad brutal. Han entendido de verdad cómo funciona una clínica por dentro, qué palancas pueden tocar y qué errores estaban cometiendo.

Ojalá pudiera decir que todos han conseguido resultados económicos espectaculares, pero eso también depende de lo que cada uno aplique. Nosotros podemos enseñar, guiar, acompañar, pero no podemos hacer el trabajo por ellos. Aun así, te aseguro que todos han ganado en claridad. Y los que lo han puesto en marcha, han crecido.

Hemos visto de todo:

- Clínicas que han aumentado su facturación y, sobre todo, su rentabilidad.
- Profesionales que han conseguido por fin dejar la camilla y centrarse en hacer crecer su negocio.
- Casos de éxito que han escalado y hoy están abriendo su segunda, tercera o incluso su séptima clínica.

Pero lo más común, y lo que más nos dicen, es esto: «Carlos, ahora por fin sé a qué juego estoy jugando».

Y eso, créeme, ya es un antes y un después.

Si pudiera sentarme con un sanitario recién graduado, justo antes de que empiece su carrera, le diría tres cosas muy claras:

1. No te metas de cabeza en un máster clínico nada más salir. No porque no sea útil, sino porque te va a retrasar algo que es inevitable: salir al mercado y enfrentarte a la realidad. Lo primero que tienes que entender es qué significa ser un profesional sanitario en el mundo real. Qué implica, qué límites tiene tu profesión y dónde están tus oportunidades.
2. Si eres fisioterapeuta, acepta desde ya que no vas a ganar lo mismo que un médico estético o un odontólogo. No es un tema de valor personal, es un tema de lo que puedes generar por hora, por tratamiento. Y eso tiene consecuencias: vas a necesitar una motivación vocacional muy fuerte y entender que esto no va de

dinero rápido ni de condiciones ideales. Aquí no hay teletrabajo, ni un sueldo creciente con los años si no te mueves.

3. Si quieres crecer, te va a tocar hacer algo distinto. O emprender o aportar desde otro enfoque que no sea exclusivamente la camilla. Porque si te limitas a ser empleado en este sector, lo vas a tener difícil. ¿Y si eres autónomo en clínicas de terceros? Está bien, te gestionas el tiempo, eres más libre..., pero el día que no trabajas, no facturas. Así de simple.

Si decides abrir tu propia clínica, te vas a meter en un lío maravilloso, pero solo si te formas de verdad. Si no lo haces, vas a cometer errores que se pagan muy caros. Y créeme: cada vez va a ser más difícil diferenciarse, atraer pacientes y mantenerse a flote. El mercado se satura, la competencia crece y las reglas del juego cambian rápido.

Por eso, antes de obsesionarte con mejorar tu técnica clínica, entiende qué pacientes tienes delante, cómo funciona una clínica, cómo capta pacientes, qué canales usa, quiénes son sus *stakeholders*... Aprende de todo eso. Observa, analiza y toma nota. Porque ahí es donde está la diferencia entre sobrevivir o crecer.

Capítulo 6

MI MÉTODO RECI Y LA VACA ASTURIANA: CLAVES PARA LA OPTIMIZACIÓN DE TU CLÍNICA

Consejo:

Muchos fisioterapeutas no están quemados por tratar pacientes, sino por la sensación de no saber hacer nada más.

LUIS ESCUDERO

Recomendación:

No estás agotado por tratar a pacientes. Estás agotado porque no tienes un plan. Porque seguir en piloto automático, sin analizar tu modelo, sin medir tu rentabilidad, sin margen para crecer, te convierte en rehén de tu propia vocación. Mi recomendación es clara: puedes ser brillante clínicamente, pero si no gestionas tu carrera acabarás atrapado en una camilla con agenda llena y una vida vacía. Échale un vistazo a mi método RECI o a buscar esa «vaca asturiana». O tomas el control, o el sistema te traga. Tú decides.

No te elevas al nivel de tus objetivos,
caes al nivel de tus sistemas.

Hábitos atómicos (2018)
JAMES CLEAR

Si en el capítulo anterior hablábamos sobre la carencia de formación en conocimientos de estrategia digital que sufrimos los profesionales sanitarios, en este vamos a dar un paso más. Porque no solo se trata de identificar esa falta de conocimientos, sino de empezar a aplicar estrategias que realmente funcionen.

Sabiendo ya conceptos claves sobre cómo presentarte al mundo, es hora de aprender cómo tomar mejores decisiones. Lo que leerás a continuación son dos conceptos clave que pueden transformar la forma en que gestionas tu clínica o tu actividad profesional: la **vaca asturiana** y la **Metodología RECI**. Uno te ayudará a reconocer los servicios que realmente sostienen tu negocio y otro te ofrecerá una guía para tomar decisiones con inteligencia basadas en datos, no en intuiciones.

¿Qué es tu vaca asturiana y por qué deberías cuidarla?

Cuando alguien monta una clínica o empieza su andadura como profesional independiente suele cometer un error común: querer abarcarlo todo, ser innovador, ofrecer los tratamientos más novedosos y diferenciarse del resto. Y aunque la innovación es importante, lo cierto es que muchos fisioterapeutas descuidan lo esencial: los tratamientos que realmente generan ingresos constantes.

Haciendo un guiño a mis raíces asturianas, sabrás que la **vaca asturiana** es una de las mejores del mundo. Pues bien, en tu clínica también tienes tu propia vaca asturiana: es ese servicio estrella que te posiciona en el mercado y te proporciona estabilidad económica. En términos de gestión, este concepto viene de la matriz BCG, que clasifica los productos de una empresa según su crecimiento y rentabilidad. Las **vacas lecheras** son los productos o servicios con una alta participación de mercado y bajo crecimiento, pero que generan ingresos recurrentes y fiables.

Realmente, el término de gestión es «vaca lechera»: aquellos productos con alta participación en el mercado pero bajo crecimiento, lo que los convierte en fuentes de ingresos estables y predecibles que permiten financiar nuevas oportunidades de negocio (Kotler & Keller, 2022).

La **Matriz BCG** (Boston Consulting Group) es una herramienta de análisis estratégico que permite clasificar productos o servicios de una empresa en función de su participación en el mercado y su tasa de crecimiento. Se divide en cuatro categorías: Estrellas (alto crecimiento y alta participación), Vacas Lecheras (bajo crecimiento, pero alta participación y rentabilidad), Interrogantes (alto crecimiento, pero baja participación) y Perros (bajo crecimiento y baja participación). Su objetivo es ayudar en la toma de decisiones sobre inversión, desarrollo o eliminación de productos dentro de un negocio (Kotler & Keller, 2022).

Pero ¿cómo y por qué identificar y potenciar tu vaca asturiana tiene beneficios?

Porque conocer tu servicio más rentable (aquel que te da ingresos estables, con menor desgaste y alta fidelización) es clave para tomar decisiones con cabeza. Esa es tu «vaca asturiana». Detectarla te permite **maximizar ingresos**, porque enfocas tu energía en lo que realmente funciona. Te ayuda a **optimizar recursos**, dejando de invertir tiempo en servicios que apenas aportan rentabilidad. Y, sobre todo, te permite **mejorar la calidad de atención**, porque cuando un servicio estrella está bien estructurado, genera confianza y fideliza pacientes. Esta lógica se inspira en modelos clásicos como la **matriz BCG**, que permite clasificar tus servicios según su rentabilidad y potencial de crecimiento, ayudándote a decidir dónde invertir y qué reducir o eliminar (Henderson, 1970).

Muchos fisioterapeutas intentan expandirse demasiado pronto sin consolidar primero su base. La clave es entender **qué tratamientos son rentables y cuáles no lo son** antes de aventurarse a ofrecer nuevas terapias o inversiones innecesarias.

«Lo que no se puede medir, no se puede mejorar» (Drucker, 1954).

Economista, profesor y consultor austriaco-estadounidense, Drucker está considerado el padre del *management* moderno. Su obra revolucionó la manera en que las organizaciones —desde empresas hasta hospitales— entienden la productividad, la eficiencia y el papel del profesional dentro de una estructura más amplia. Esta frase resuena con especial fuerza en un entorno como el de la sanidad privada clínica, donde muchos profesionales **nunca han medido la rentabilidad de sus servicios**. Aplicar esta visión implica entender que no basta con trabajar bien, también hay que trabajar con cabeza: saber qué tratamientos funcionan, cuáles no, qué servicios aportan ingresos reales y cuáles están drenando tu energía. Solo así puedes construir un proyecto profesional sólido, sostenible y motivador.

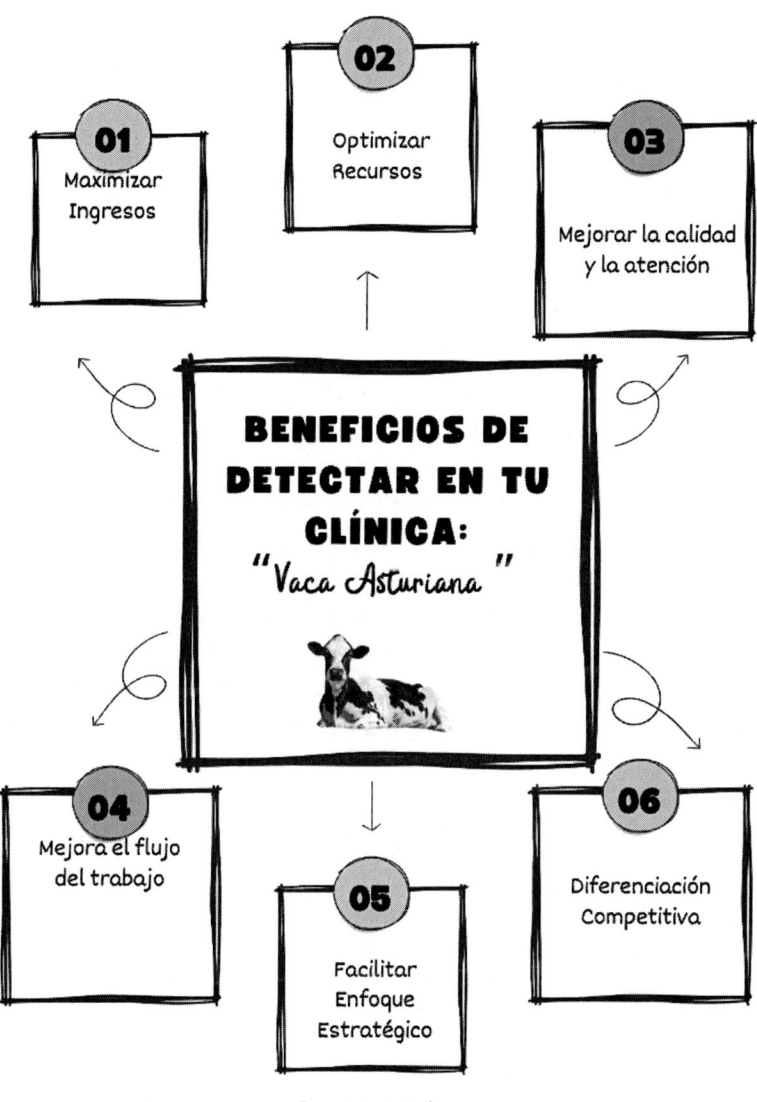

01 Maximizar Ingresos

02 Optimizar Recursos

03 Mejorar la calidad y la atención

BENEFICIOS DE DETECTAR EN TU CLÍNICA: *"Vaca Asturiana"*

04 Mejora el flujo del trabajo

05 Facilitar Enfoque Estratégico

06 Diferenciación Competitiva

Imagen: propia

Pero ¿cómo convertimos este ejemplo teórico en un ejemplo práctico? Vamos a poner dos ejemplos reales sobre los beneficios de detectar esta «vaca asturiana».

Como CEO (*Chief Executive Officer*) de una clínica privada

En este primer ejemplo, pongamos que «Carlos» dirige una clínica con tres fisioterapeutas y ha intentado abarcar el máximo número de servicios posibles desde que abrió, pensando que «más servicios = más ingresos», pensamiento bastante lógico. En su primer año ofrece todos estos servicios en su clínica: fisioterapia deportiva, traumatológica, osteopatía, ecografía, pilates terapéutico, fisioterapia respiratoria, punción seca, sesiones de indiba, suelo pélvico y readaptación deportiva. Antes de empezar a pasar consulta, Carlos ya se ha gastado más de 50 000 euros en tecnología. Su agenda está llena, la de sus colaboradores de nutrición o psicología no tanto y la rentabilidad no despega porque, entre otras cosas, las mensualidades de la tecnología le aprietan. Cada nueva inversión en materiales o promoción parece no reflejarse en las cuentas.

Tras aprender este nuevo término de «vaca asturiana» decide parar y analizar. Y al hacer un estudio de sus ingresos, descubre que:

- El 70 % proviene de tratamientos para el dolor de espalda (fisioterapia deportiva y readaptaciones de lesiones).
- El 15 % de rehabilitaciones postquirúrgicas.
- El 10 % de pilates terapéutico.
- El 5 % restante de otros servicios secundarios como la indiba o la ecografía, productos que no rentabiliza directamente y que son el mayor gasto de inversión.

Carlos se da cuenta de que estaba dispersando esfuerzos en servicios con poco retorno y descuidando su verdadero motor económico. Se da cuenta de que, tras analizar datos, su nicho principal es tener una comunidad de deportistas que son su mayor fuente de ingresos, y decide reorganizar sus esfuerzos e inversiones hacia la rehabilitación y la fisioterapia deportiva. Así que toma las siguientes decisiones:

- **Rediseña su estrategia**: Enfoca su *marketing* en un *funnel* de venta para deportistas y mejora su posicionamiento en Google My Business para captar pacientes con estas características (artículos, promociones, grupos...).
- **Optimiza la clínica y la agenda**: Prioriza las sesiones de su servicio más rentable. Por lo que decide prescindir de colaboradores en pro de añadir más profesionales, como un preparador físico que empieza a trabajar sesiones grupales en el gimnasio, sesiones *online* y sesiones fuera de la clínica. También adapta los espacios de su clínica para mejorar la experiencia de estos pacientes.
- **Aumenta la rentabilidad sin más esfuerzo**: Crea bonos de sesiones para fidelizar clientes: su reputación mejora y las recomendaciones crecen. Se desprende del *leasing* de alguna tecnología que le estaba reduciendo la rentabilidad.

En pocos meses, su clínica ve más ingresos sin necesidad de más personal ni más carga de trabajo. La clave no era ofrecer más, sino potenciar lo que realmente generaba estabilidad y rentabilidad. Pero, para eso, Carlos necesitaba parar y analizar sus datos, buscar esa «vaca asturiana» y reorganizar la clínica para optimizar sus beneficios y despegar a un nuevo nivel. ¿Y esto se puede aplicar si eres autónomo con tu propia marca personal?

Como profesional autónomo con marca personal

En este segundo ejemplo pongamos que «Marina» es fisioterapeuta autónoma y, tras años trabajando por cuenta ajena en diferentes clínicas, decidió apostar por su marca personal y captar pacientes por su cuenta. Para ello creó su propia web, empezó a generar contenido en redes sociales y comenzó a recibir consultas.

Sin embargo, a pesar de la visibilidad que había logrado, la rentabilidad no llegaba. Atendía pacientes de múltiples especialidades: fisioterapia deportiva, postquirúrgica, neurológica, tratamiento del dolor y suelo pélvico. Su agenda estaba llena, su hombro destrozado de transportar la camilla y la mochila de casa en casa y al final de mes sus ingresos no reflejaban el esfuerzo invertido.

Como Carlos, tras aprender este nuevo concepto decidió parar y analizar cómo mejorar su marca personal. Analizó datos y se dio cuenta de lo siguiente:

- Las sesiones de fisioterapia a domicilio de suelo pélvico eran las más rentables y las que más ilusión le hacían. No llevaba la camilla, porque con el MAT y la mochila con material le bastaba.
- Los pacientes de este servicio pagaban tarifas más altas y contrataban bonos de varias sesiones de seguimiento. Además, estaba generando una comunidad muy grande en redes sociales y le permitía hacer sesiones *online* sin la necesidad de desplazarse.
- Requería menos desplazamientos que otros servicios como la fisioterapia deportiva, que la obligaba a moverse entre gimnasios, clínicas y domicilios sin una estructura clara.

En pocos meses Marina pasó de sentirse saturada y mal pagada a ver cómo su negocio se volvía más rentable y sostenible. Detectar su «vaca asturiana» no solo le permitió ganar más dinero, sino que le devolvió calidad de vida y control sobre su tiempo. En ambos casos, sin saberlo, también estaban aplicando el **Método RECI** que te contaré posteriormente.

Cuando empecé el MBA en Gestión y Marketing Sanitario, no buscaba convertirme en un experto en finanzas ni en administración y, efectivamente, no lo soy. Solo quería aprender a gestionar mejor mi tiempo, mi trabajo y, en última instancia, mi futuro. Hasta ese momento tomaba decisiones como la mayoría de los fisioterapeutas: por intuición, basándome en lo que parecía lógico, por sensaciones respecto a lo que otros hacían.

A medida que avanzaban las clases, entendí que dirigir una clínica y un equipo humano o proteger una marca personal sin datos claros era como tratar de rehabilitar a un paciente sin diagnóstico. Aprendí que las empresas no sobreviven porque trabajen más, sino porque trabajan mejor. Que la rentabilidad no depende solo de cuántos pacientes tengas, sino de cómo gestionas cada uno de esos ingresos.

Fue en ese punto cuando empecé a desarrollar lo que hoy llamo el **Método RECI**, una metodología práctica y que utilizo en mi día a día para analizar y optimizar todas las decisiones de gestión que realizo. Desde un análisis del departamento hasta un plan estratégico de un nuevo servicio, valorar una nueva colaboración o rendir cuentas a mi jefa en la gestión humana del equipo. Un sistema basado en cuatro pilares fundamentales que yo ya he conseguido automatizar: **Rentabilidad, Eficiencia, Control, Inteligencia.**

Este método no es una teoría sacada de un manual de empresa. Es una transformación personal que nació de forma orgánica antes del MBA, el cual sirvió para darle nombre, orden y calidad de ejecución. Con el tiempo he adaptado esta metodología a la realidad de la fisioterapia. Cada clínica y cada profesional puede aplicarla a su contexto, pero el objetivo siempre es el mismo: **tomar decisiones estratégicas basadas en datos y no en suposiciones.**

Uno de los mayores errores que cometemos en sanidad privada es pensar que más pacientes equivalen a más ingresos. Aplicar el **Método RECI** es desmontar ese mito y entender que lo que realmente importa no es la cantidad, sino la calidad y la optimización de cada recurso o herramienta.

Rentabilidad

No se trata de atender a más pacientes, sino de identificar cuáles son los servicios que generan más ingresos por hora trabajada. ¿Qué pacientes o tratamientos te aportan más beneficio real? ¿Estás cobrando lo que deberías por ellos? ¿Hay servicios en tu clínica que te generan más esfuerzos que rentabilidad?

La Real Academia Española define la rentabilidad como «la cualidad de rentable», es decir, aquello que produce un beneficio suficiente (RAE, 2024). Y eso es exactamente lo que deberías preguntarte cada vez que analizas tu agenda: ¿esto me resulta verdaderamente rentable o solo me ocupa tiempo?

Eficiencia

Muchas clínicas y autónomos pierden dinero, no porque no tengan pacientes, sino porque gestionan mal su tiempo y sus recursos. ¿Tu agenda está bien estructurada? ¿Podrías agrupar sesiones para minimizar desplazamientos? ¿Tienes un control eficiente de tu grupo de trabajo? La Real Academia Española define la eficiencia como «la capacidad de disponer de alguien o de algo para conseguir un efecto determinado» (RAE, 2024). Es decir, se trata de hacer más con lo que ya tienes. Y en un entorno donde el tiempo es oro y los recursos son limitados, ser eficiente no es una opción, es una obligación. ¿Has planteado alguna vez crear algún proyecto desde tu clínica que no esté limitado por la estructura de tú clínica? Dale una vuelta a esto: muchas veces nos autolimitamos por el espacio físico y eso, hoy en día, no tendría que ser una excusa.

Control

Sin datos gestionas a ciegas. Y gestionar a ciegas es como rehabilitar una rodilla sin saber si hay rotura de LCA. ¿Cuántos pacientes nuevos llegan al mes? ¿Cuál es tu tasa de retención? ¿Cuánto cuesta realmente cada sesión que das? ¿Tus fisioterapeutas son activos en la búsqueda de pacientes o tienen una actitud pasiva? ¿Controlas que tus fisioterapeutas estén motivados? La Real Academia Española define el control como «comprobación, inspección, fiscalización o intervención» (RAE, 2024). En otras palabras: vigilar, analizar y actuar. Y sin ese control, todo lo demás —estrategias, precios, comunicación— se convierte en intuición, no en gestión. Aprovecha las aplicaciones gratuitas o de bajo coste como los Power BI como el de Microsoft (por ejemplo), que proporciona a los usuarios empresariales no técnicos herramientas para agregar, analizar, visualizar y compartir datos de sus negocios. Pero luego te cuento más en detalle.

Inteligencia

Tomar decisiones con información concreta te permite prever problemas antes de que ocurran y ajustar estrategias en el momento adecuado. ¿Dónde puedes mejorar? ¿Qué cambios puedes hacer para ser más rentable sin trabajar más horas? ¿Tienes un fisioterapeuta motivado, con ideas y con ganas de crecer? ¿No será mejor tenerlo contento? ¿Qué porcentaje de rotación tienes de tus fisioterapeutas? ¿Te has preguntado por qué? La Real Academia Española define la inteligencia como «la capacidad de entender o comprender» (RAE, 2024). Y en gestión, entender lo que ocurre a tu alrededor —y anticiparte— es la base para crear un entorno profesional estable, eficiente y duradero. Sin inteligencia estratégica, cualquier cambio es solo un parche. Y si eres inteligente cuidarás y darás valor a tu equipo. No hay mejor sinergia para tu clínica que tener un equipo motivado, contento y que tenga una competencia sana para seguir creciendo. Si te crees líder por ser su jefe, o simplemente por tenerlos contratados o con un porcentaje alto, te estás engañando a ti mismo.

Imagen: propia

Mi Método RECI no es una fórmula mágica, pero es la brújula que me ha permitido tomar mejores decisiones en mi carrera. Desde identificar mi propia vaca asturiana hasta optimizar la gestión del tiempo, cada paso que he dado ha sido aplicando estos principios.

Si quieres dejar de trabajar a ciegas y empezar a tomar decisiones con estrategia, esta metodología es el punto de partida. Y lo mejor es que no necesitas grandes inversiones ni herramientas complejas: solo necesitas la disposición para analizar, ajustar y optimizar.

Y si algo quiero que recuerdes de este capítulo es que la rentabilidad no se mide solo en ingresos, sino en la capacidad de gestionar tu tiempo, tu energía y tu estabilidad profesional. Detectar tu vaca asturiana y aplicar el Método RECI no es simplemente una estrategia financiera, sino una filosofía de gestión que transforma la forma en la que tomas decisiones a través de los datos y el valor. No se trata solo de ganar más dinero, sino de hacer que cada hora trabajada tenga sentido y aporte valor real a tu negocio y a tu calidad de vida.

Gestionar con inteligencia no significa trabajar más, sino trabajar mejor. Significa optimizar tus recursos, evitar decisiones impulsivas y priorizar aquello que realmente te genere resultados. Porque el verdadero éxito profesional no es tener la agenda llena de pacientes a cualquier precio, sino tener el control sobre cómo y en qué inviertes tu tiempo.

Actualmente existen muchas herramientas para analizar datos, y no necesitas ser ingeniero ni tener una clínica con cien empleados para empezar a usarlas. En realidad, hoy cualquier autónomo o pequeña clínica puede acceder a **herramientas gratuitas de análisis** que le permiten visualizar sus métricas clave y tomar mejores decisiones. Una de las más potentes y accesibles es Power BI Desktop, el *software* gratuito de Microsoft que permite crear informes interactivos, paneles de control y gráficos dinámicos a partir de tus propios datos (aunque sea una simple hoja de Excel).

¿Para qué puede servirte? Para visualizar cuántos pacientes nuevos llegan al mes, qué tratamientos facturan más, cuántas sesiones hace cada fisioterapeuta, qué franjas horarias generan más ingresos o incluso qué aseguradora te deja menos beneficio. Es decir, convertir tus sensaciones en certezas. También existen versiones web como Power BI Service, que permiten compartir tus informes con otros compañeros o gerentes, aunque esta sí requiere cuenta de pago si quieres funciones avanzadas.

Otras alternativas gratuitas que puedes explorar si estás empezando son:

- **Google Looker Studio (antes Data Studio)**: ideal para vincular con Google Sheets y ver datos en tiempo real.
- **Metabase**: una solución de código abierto para equipos pequeños que quieran visualizar datos desde cero.
- **Tableau Public**: versión gratuita de Tableau que permite crear *dashboards* públicos.

La clave no es cuán sofisticada sea la herramienta, sino **qué preguntas te haces** y si estás dispuesto a dejar de gestionar a ciegas. Si no sabes por dónde empezar, comienza por lo básico: recoge tus datos en un Excel, ordénalos y prueba a visualizar una simple gráfica. A partir de ahí, **el análisis deja de ser un lujo y se convierte en un hábito.**

Si algo diferencia a los fisioterapeutas que prosperan de los que simplemente sobreviven, es su capacidad para entender que su negocio es tan importante como su conocimiento clínico. Puedes ser el mejor fisioterapeuta del mundo, pero si no sabes gestionar tu tiempo, tus recursos y tu posicionamiento en el mercado, te verás atrapado en un modelo laboral que apenas te deja respirar.

La pregunta es clara: ¿seguirás dejando tu carrera al azar o empezarás a tomar decisiones con estrategia, datos y visión a largo plazo?

Ejemplo práctico: Aplicación práctica del Método RECI en una clínica privada.

1. **Rentabilidad:**
   - *Ejemplo:* Analiza todos los servicios que ofreces (quiropodias, plantillas, cirugía menor...) y detecta cuáles dejan más margen.

- *Decisión:* Dejas de invertir en promocionar servicios poco rentables y enfocas tu comunicación y tiempo en los que sí generan beneficio.

2. **Eficiencia:**
   - *Ejemplo:* Te das cuenta de que cada vez que un paciente llama para pedir cita interrumpes tu trabajo y generas malestar en el paciente con el que estás.
   - *Decisión:* Automatizas las reservas con una agenda *online* y reorganizas los tiempos de consulta para evitar esperas o huecos muertos.

3. **Control:**
   - *Ejemplo:* Empiezas a medir cuántas primeras visitas cierran presupuesto y cuántas se pierden por el camino.
   - *Decisión:* Detectas que hay un problema en cómo explicas el tratamiento. Mejoras esta estrategia de comunicación y aumentas el cierre de presupuestos en un 20 %.

4. **Inteligencia:**
   - *Ejemplo:* Analizas tus datos del último año y ves que de enero a marzo tienes menos pacientes.
   - *Decisión:* Creas una campaña preventiva con ofertas en estudio biomecánico o revisiones en esos meses para mantener ingresos estables.

Capítulo 7

UNA INFORMACIÓN NECESARIA: DESPIDOS, PROTECCIÓN E INTRUSISMO

Consejo:

Que te despidan no es fracasar. Fracasar es no
aprender nada de esa experiencia.

LUIS ESCUDERO

Recomendación:

Lo viví. Y dolió. Pero lo que más me dolió fue salir de ahí sin entender
nada, sin protegerme, sin reaccionar. Hoy, con todo lo aprendido,
tengo claro que cada caída también puede ser una puerta. Y que
nadie te enseña esto... hasta que lo vives. En esta profesión, donde lo
vocacional a veces se confunde con aguantarlo todo, el despido puede
parecer un castigo. Pero también puede ser el inicio de una carrera
más libre, más tuya y consciente. Solo si te preparas, si preguntas, si
te levantas con más claridad que orgullo, aprendes. Así que si estás
en ese punto, párate, infórmate y actúa. Porque nadie va a cuidar tu
carrera como tú mismo.

Lo bueno de tocar fondo es que no queda más remedio que tirar hacia arriba.

La llamada (2014)

Leiva

Tras haber aprendido la importancia de la toma de decisiones en la gestión de nuestra carrera profesional, es fundamental reconocer que no todas las decisiones dependen de nosotros. En el mundo laboral, especialmente en el ámbito sanitario y de la fisioterapia, existen situaciones inesperadas que pueden alterar nuestro rumbo profesional. Una de ellas es el despido.

He vivido en primera persona dos tipos de despidos en estos pocos años: uno en una empresa privada valenciana debido a su desaparición, y otro en un club de fútbol tras una reestructuración del servicio médico. No quiero centrarme en los detalles de esas experiencias personales, sino en proporcionar una guía práctica y fundamentada para que cualquier fisioterapeuta pueda comprender sus derechos y las posibles situaciones legales que pueden surgir en su carrera.

En el ámbito laboral, los despidos pueden clasificarse en diferentes categorías, cada una con implicaciones legales y económicas distintas. Respecto a ellas, al menos has de tener esta cultura general:

- **Despido objetivo**: Se fundamenta en causas económicas, técnicas, organizativas o de producción. El empresario debe justificar la decisión y otorgar una indemnización de 20 días por año trabajado, con un límite de 12 mensualidades (Estatuto de los Trabajadores, art. 52). Puede deberse a una disminución persistente en ingresos o ventas, cambios tecnológicos que hagan obsoleto un puesto, reorganización empresarial o falta de financiación en entidades sin ánimo de lucro.

- **Despido colectivo**: Se produce cuando la empresa despide a un número determinado de trabajadores por causas económicas, técnicas, organizativas o de producción, dentro de un periodo de 90 días. Para que se considere despido colectivo debe afectar al menos a 10 trabajadores en empresas con menos de 100 empleados; al 10 % de la plantilla en empresas de entre 100 y 300 empleados, o a 30 trabajadores en empresas con más de 300 empleados (Estatuto de los Trabajadores, art. 51).

- **Despido disciplinario**: Ocurre cuando el trabajador incurre en faltas graves, como incumplimiento contractual, desobediencia, transgresión de la buena fe contractual, ofensas verbales o físicas, embriaguez habitual o acoso laboral. En este caso, no hay derecho a indemnización (Estatuto de los Trabajadores, art. 54).

- **Despido improcedente**: Si el despido no cumple los requisitos legales, el trabajador puede solicitar su readmisión o recibir una indemnización de 33 días por año trabajado, con un máximo de 24 mensualidades (Real Decreto Legislativo 2/2015, art. 56). En contratos anteriores al 12 de febrero de 2012, la indemnización es de 45 días de salario por año trabajado, con un tope de 42 mensualidades.

- **Despido nulo**: Se considera así cuando vulnera derechos fundamentales o se basa en causas discriminatorias. En estos casos, el trabajador debe ser readmitido y recibir los salarios que ha dejado de percibir. Se da en situaciones como despidos por embarazo, disfrute de permisos de maternidad/paternidad o cuando se atenta contra derechos sindicales.

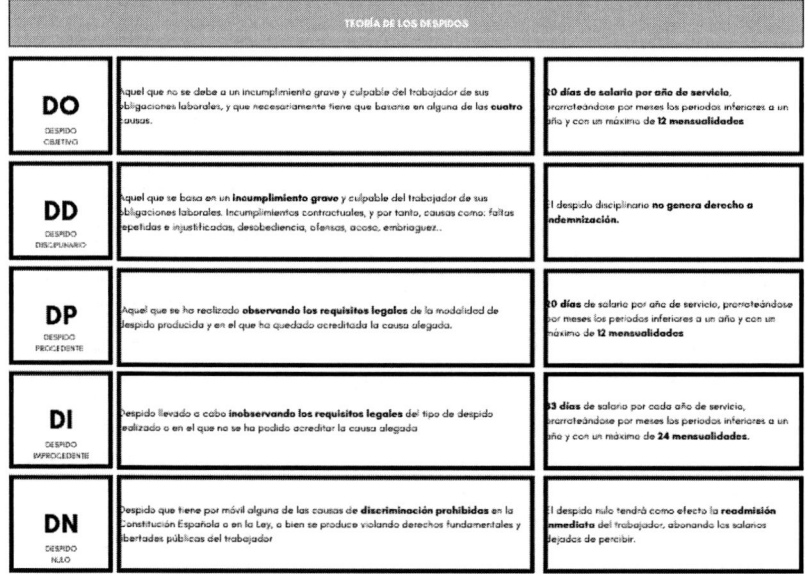

Imagen: propia

Tienes que saber que cada decisión tiene unas consecuencias y que es muy importante estar bien asesorado ante un despido, porque se podría decir que cada minuto cuenta, ya que hay tiempos que marcan la diferencia entre no poder hacer nada o ir a por todo. Cuando un trabajador es despedido y no está conforme con la decisión, el primer paso antes de acudir a los tribunales es presentar una papeleta de conciliación ante el **Servicio de Mediación, Arbitraje y Conciliación (SMAC)**. Este trámite es obligatorio en la mayoría de los casos, y busca alcanzar un acuerdo entre ambas partes sin necesidad de llegar a juicio.

El **SMAC** es un órgano administrativo dependiente de las comunidades autónomas que actúa como mediador entre el trabajador y la empresa en conflictos laborales individuales, como **despidos, sanciones disciplinarias y reclamaciones salariales**. Su objetivo es evitar la sobrecarga de los Juzgados de lo Social, facilitando acuerdos que beneficien a ambas partes.

¿Cuándo es obligatorio acudir al SMAC?

Según el artículo 63 de la **Ley Reguladora de la Jurisdicción Social (Ley 36/2011)**, en la mayoría de los casos de despido es obligatorio intentar la conciliación previa a la demanda judicial. Sin embargo, existen **excepciones** en las que no es necesario acudir al SMAC, como:

- Procesos de tutela de **derechos fundamentales** (por ejemplo, despidos discriminatorios).
- Impugnación de **convenios colectivos.**
- Procedimientos concursales.
- **Impugnaciones de actos administrativos en materia laboral.**

Si el caso no entra dentro de estas excepciones, el trabajador **debe** acudir al SMAC antes de presentar una demanda. El proceso consta de varios pasos:

1. **Presentación de la papeleta de conciliación**
   - El trabajador presenta la papeleta en el SMAC dentro del **plazo de 20 días hábiles** desde la fecha del despido.
   - Debe incluir sus datos personales, los del empresario, los hechos que motivan el conflicto y las pretensiones económicas o de otro tipo.
2. **Citación al acto de conciliación**
   El SMAC notifica a ambas partes la fecha y hora de la reunión, que suele celebrarse en un plazo de 15 días hábiles.
3. **Celebración del acto de conciliación**
   - Se lleva a cabo una reunión con la presencia de un mediador.
   - Ambas partes pueden negociar y llegar a un acuerdo sin necesidad de llegar a juicio.
4. **Resultado del acto de conciliación**
   - **Con avenencia:** Se alcanza un acuerdo con validez jurídica, evitando la vía judicial.

- **Sin avenencia**: No se llega a un acuerdo y el trabajador puede presentar la demanda ante el Juzgado de lo Social.
- **Incomparecencia**: Si la empresa no se presenta, el trabajador obtiene un acta que le permite demandar.

Lo que hay que tener claro es una cosa, no hay que desesperarse. Y para mí, dada mi experiencia, lo importante es asesorarte bien. Estar informado es necesario, pero igual que no le pedirías a un abogado que te hiciera una punción seca, no trates tú de hacer este proceso por tu cuenta y asesórate con un profesional.

Esto me sirve para recordarte que el Colegio de Fisioterapeutas tiene «servicios colegiales», entre los que se encuentran:

- **Asesoría jurídica.** Asesoramiento gratuito en el ámbito jurídico a cargo del letrado del colegio don Santiago Sevilla. Los temas que trata son los relacionados con el ejercicio de la profesión.
- **Asesoría laboral.** Asesoramiento gratuito para colegiados sobre el ámbito laboral (convenios, tipos de contratos, asesoramiento para abrir un centro de fisioterapia, etcétera).
- **Asesoría fiscal.** Asesoramiento gratuito en el ámbito fiscal: altas de autónomos, impuesto de actividades económicas, retenciones de IRPF, tributos, Hacienda, etcétera).
- **Asesoría financiera.** Asesoramiento gratuito en el ámbito financiero (estudios de viabilidad, proyectos financieros, etcétera).

¿Pero qué pasa si te despiden?

Un ejemplo práctico: un fisioterapeuta ante el SMAC. Javier es fisioterapeuta y ha trabajado durante cuatro años en una clínica privada con un contrato indefinido. Un día, sin previo aviso, recibe una carta de despido disciplinario, alegando una disminución de su rendimiento laboral. Sin embargo, Javier nunca ha recibido advertencias ni sanciones previas, y su agenda ha estado siempre ocupada. Tras consultar con un abogado, Javier decide presentar una **papeleta de conciliación** ante el SMAC, argumentando que su despido es improcedente. Durante el acto de conciliación, su empleador ofrece una indemnización inferior a la que le correspondería. Como no llegan a un acuerdo, Javier decide acudir al **Juzgado de lo Social**, donde finalmente se declara su despido como **improcedente**, obligando a la clínica a indemnizarlo o readmitirlo.

Este caso muestra cómo el SMAC es un paso previo y esencial para defender los derechos del fisioterapeuta y conseguir mejores condiciones en caso de despido.

¿Qué pasa si el empresario no acude al SMAC?

Si la empresa no comparece al acto de conciliación, el trabajador recibe un acta donde consta la **intentada conciliación sin efecto**, lo que le permite acudir a los tribunales sin ningún impedimento. Además, en algunos casos, la ausencia injustificada del empleador puede conllevar sanciones.

Ventajas del procedimiento en el SMAC

- **Rapidez:** La conciliación es más rápida que un juicio, resolviéndose en semanas.
- **Menos costes:** Evita gastos judiciales y honorarios adicionales.
- **Acuerdo flexible:** Permite soluciones adaptadas a ambas partes.
- **Ejecución inmediata:** Si se alcanza un acuerdo, tiene la misma validez que una sentencia judicial.

Pero ¿qué pasa, si como de costumbre, el fisioterapeuta es autónomo?

Los fisioterapeutas autónomos se encuentran en una situación laboral diferente de la de los asalariados. No tienen un contrato de trabajo tradicional y, por tanto, no pueden ser despedidos en el sentido jurídico habitual. Sin embargo, eso no significa que no se enfrenten a situaciones similares a un despido, como la finalización de una colaboración con una clínica privada, la pérdida de clientes o la rescisión unilateral de un contrato mercantil. En este contexto, es fundamental que los fisioterapeutas autónomos conozcan sus derechos, sus obligaciones y las vías de protección disponibles.

Los fisioterapeutas autónomos que trabajan para clínicas privadas o centros sanitarios suelen estar vinculados mediante contratos mercantiles y no laborales. Esto implica que, si la clínica decide prescindir de sus servicios, no se considera un despido, sino una finalización de contrato.

Diferencias clave entre un despido y la rescisión de un contrato mercantil

Característica	Fisioterapeuta asalariado	Fisioterapeuta autónomo
Tipo de contrato	Contrato laboral	Contrato mercantil
Protección legal en despidos	Estatuto de los Trabajadores	Código de Comercio y Código Civil
Indemnización por despido	Sí, en casos de despido improcedente u objetivo	No, salvo pacto previo en contrato
Derecho a paro	Sí, si cumple requisitos	Solo si cotiza por cese de actividad
Reclamación ante despidos	Juzgado de lo Social	Juzgado de lo Mercantil o de lo Civil

Cláusulas clave en un contrato mercantil para fisioterapeutas autónomos

Para minimizar el riesgo de una rescisión unilateral injustificada, un fisioterapeuta autónomo debe asegurarse de que su contrato mercantil contemple aspectos como:

- **Plazo de preaviso**: Incluir un periodo de preaviso mínimo (por ejemplo, 30 días) para evitar la interrupción abrupta del servicio.

- **Compensación por rescisión anticipada**: Establecer una compensación económica si la clínica decide prescindir del fisioterapeuta sin justificación razonable.

- **Exclusividad o no competencia**: Aclarar si el fisioterapeuta puede trabajar en otros centros o si hay una cláusula de exclusividad.

- **Forma de pago y facturación**: Definir claramente el importe de los servicios y la periodicidad de pago.

- **Condiciones para la renovación o finalización del contrato**: Especificar qué causa pueden llevar a la rescisión del contrato sin generar conflictos legales.

Según la Ley 20/2007 del Estatuto del Trabajo Autónomo, un fisioterapeuta podría considerarse autónomo económicamente dependiente (TRADE) si el 75 % o más de sus ingresos provienen de un solo cliente o clínica. En ese caso, tiene derecho a ciertas protecciones adicionales, como preaviso obligatorio de 15 días y una indemnización pactada en caso de finalización del contrato (art. 11, Ley 20/2007). Más adelante hablaremos de esta situación tan común en el sector sanitario, que puede conllevar alguna irregularidad.

Ejemplo práctico: un fisioterapeuta autónomo en una clínica privada. Marta es una fisioterapeuta autónoma que trabaja para una clínica especializada en rehabilitación deportiva. Desde hace tres años, colabora con la clínica bajo un contrato mercantil, facturando mensualmente por sus servicios.

Un día, el gerente de la clínica le comunica que, debido a una reorganización interna, prescindirán de sus servicios **con efecto inmediato**, sin previo aviso ni compensación. Dado que Marta no tenía una **cláusula de preaviso ni compensación por rescisión anticipada** en su contrato, no puede exigir una indemnización. Sin embargo, tras revisar su situación, se da cuenta de que **el 80 % de sus ingresos provienen de esta clínica**, lo que la convierte en una **autónoma económicamente dependiente (TRADE)**.

Marta presenta una reclamación ante el **Juzgado de lo Mercantil**, argumentando que la clínica **debió darle un preaviso mínimo de 15 días** y que la rescisión sin justificación **es abusiva**. Finalmente, la clínica acuerda compensarla con el equivalente a un mes de facturación para evitar problemas legales.

¿Y qué pasa con el paro? ¿Hay derecho al cese de actividad? ¿Cuál es el «paro» del autónomo?

A diferencia de los asalariados, los fisioterapeutas autónomos **no tienen derecho al paro**, salvo que hayan cotizado por **cese de actividad**. Para acceder a esta prestación, deben cumplir requisitos como:

- Haber cotizado **al menos 12 meses** por cese de actividad.
- No haber cesado voluntariamente la actividad (debe ser por causas económicas justificadas).
- Estar al día en el pago de cuotas a la Seguridad Social.

Si cumplen estos requisitos, pueden recibir **hasta el 70 % de su base reguladora durante un máximo de 24 meses** (Real

Decreto-ley 8/2015, art. 327). Pero ¿**cómo puede protegerse un fisioterapeuta autónomo?**

Conocer las diferencias entre un despido y la rescisión de un contrato mercantil es clave para que el fisioterapeuta autónomo entienda qué derechos tiene y cómo protegerse. Tener contratos bien redactados, con cláusulas de preaviso y compensación, ayuda a evitar situaciones de vulnerabilidad. Diversificar clientes y no depender de un solo centro reduce el riesgo de inestabilidad económica. Cotizar por cese de actividad permite acceder a una prestación similar al paro en caso de pérdida de ingresos. Si bien los autónomos disfrutan de mayor libertad en su trabajo, también deben ser proactivos en la protección de sus derechos, asegurándose de que sus relaciones laborales sean justas, claras y seguras.

Los despidos no solo son una realidad en el sector sanitario, sino también una prueba de que la estabilidad laboral en fisioterapia es frágil si no se conoce y protege el marco legal que nos ampara. La incertidumbre que genera perder un empleo nos obliga a reflexionar sobre el valor de nuestra profesión, su regulación y los riesgos que la rodean.

Más allá de los despidos, los fisioterapeutas deben enfrentarse a otra amenaza que impacta directamente en su ejercicio profesional: **el intrusismo.** No solo luchamos por contratos más dignos y condiciones laborales justas, sino también por el reconocimiento y la protección de la fisioterapia como profesión sanitaria regulada.

Si bien un despido es un proceso que puede resolverse mediante herramientas legales como el SMAC, el intrusismo es un problema más complejo y persistente, que pone en peligro el prestigio de nuestra disciplina y la seguridad de los pacientes. La batalla por nuestros derechos no solo se da en los tribunales laborales, sino también en el **reconocimiento social** de nuestra labor y en la defensa de la profesión frente a quienes intentan ejercerla sin la cualificación adecuada.

Conocer los tipos de despidos y los mecanismos legales de protección nos ayuda a gestionar mejor nuestra carrera y evitar situaciones de vulnerabilidad. Pero también debemos entender que, en un sector donde cada vez más personas sin titulación tratan de ocupar nuestro espacio, defender la fisioterapia no es solo un derecho, sino también una responsabilidad.

Quizá un marco más rígido que definiera qué es y qué no es fisioterapia ayudaría a nuestro sector a saber qué vías formativas seguir. Sinceramente, no sé si os ha pasado, pero yo me he sentido muchas veces abrumado y agobiado por el hecho de no saber qué tendencias seguir en fisioterapia para intentar ser mejor profesional. Creo que es abrir un gran melón que no estamos preparados para romper. Porque somos nosotros mismos, los fisioterapeutas, los que creo que no lo tenemos claro, y alardeamos de ciencia cuando nos encanta juguetear, ensalzarnos y formarnos en técnicas sin evidencia, con bases científicas cuestionables. Somos nosotros mismos los que al decir que somos mejores y más avanzados nos basamos en lo buenos que somos con técnicas como la ecografía, la electrolisis o tener una máquina de 25 000 euros que genera calor profundo.

¿Cómo no vamos a tener intrusismo en nuestra profesión si ni nosotros mismos tenemos claro qué es la fisioterapia? ¿Cómo puede ser que dos fisioterapeutas puedan estar hablando de cómo rehabilitar una lesión de formas tan distintas? Porque te pregunto:

¿Qué es y qué no es fisioterapia?

¿Es fisioterapia programarle ejercicios a un paciente? ¿Decirle qué tiene a través de una ecografía? ¿Intervenir sobre el sistema nervioso somatosensorial? ¿Intervenir sobre el sistema neuromotor? ¿Potenciarlo subcorticalmente? ¿Neuromodular a un paciente? ¿Realizar una manipulación o un masaje visceral? ¿Hacerle Bobath? ¿Hacer Pilates?

Es nuestra responsabilidad como fisioterapeutas acercar posturas en un marco común que defina quiénes somos. En este contexto, el Ilustre Colegio Oficial de Fisioterapeutas de la Comunidad Valenciana (ICOFCV) ha reformulado su estrategia contra el intrusismo, poniendo el foco en la protección del derecho a la salud de los ciudadanos, más allá de una defensa meramente corporativa. Esta evolución responde a la adaptación de la jurisprudencia a las normativas europeas, que priorizan la seguridad del usuario sobre la preservación de los intereses de los colectivos profesionales.

Denunciar el intrusismo no solo protege la profesión, sino que evita que los pacientes sean tratados por personas sin los conocimientos ni la capacitación adecuada. Un masaje no es fisioterapia, un entrenador personal no es un fisioterapeuta y un osteópata sin titulación en fisioterapia no puede asumir competencias que requieran un conocimiento clínico validado científicamente.

El Código Penal español (artículo 403) tipifica el intrusismo profesional como un delito y establece sanciones que pueden incluir multas o incluso penas de prisión, dependiendo de la gravedad del caso y del daño causado al paciente. Sin embargo, la lucha contra el intrusismo no solo debe darse en los tribunales, sino también en la concienciación del público y en la actuación proactiva de los fisioterapeutas.

Para que una denuncia sea efectiva es fundamental proporcionar información clara y documentada. Los colegios profesionales garantizan la confidencialidad de quienes notifican casos de intrusismo, pero requieren ciertos datos para iniciar el procedimiento, tales como:

- **Identificación del presunto intruso** (nombre, ubicación y descripción de su actividad).
- **Pruebas documentales** (publicidad engañosa, testimonios de pacientes, anuncios en redes sociales, etcétera).
- **Descripción detallada de los hechos** (qué tipo de actividad se realiza y por qué se considera intrusismo).

Insisto, el futuro de la fisioterapia no solo depende de la lucha contra el intrusismo, sino de la capacidad del sector para consolidarse como una profesión de referencia dentro del ámbito sanitario. Eso implica:

- **Promover el conocimiento público sobre la fisioterapia** y diferenciarla de otras disciplinas que no cuentan con la misma base científica.
- **Exigir una regulación más estricta y sanciones efectivas** para quienes ejerzan sin la titulación correspondiente.
- **Garantizar que todos los fisioterapeutas estén colegiados**, como establece la Ley de Colegios Profesionales, asegurando así el cumplimiento de los estándares éticos y legales.
- **Fomentar la especialización y la formación continua**, para que la fisioterapia siga evolucionando basándose en la evidencia científica, siendo los colegios los que se «mojen» sobre qué es y qué no es fisioterapia.

La verdadera defensa de la profesión no solo se gana en los tribunales, sino también en la forma en que los propios fisioterapeutas se posicionan en el sector, diferenciándose por su rigor, su preparación y su compromiso con la salud de los pacientes.

No puede ser que, a estas alturas, la fisioterapia siga fragmentándose en corrientes que parecen hablar idiomas tan distintos. Que haya algunos que únicamente utilizan técnicas invasivas; otros que aplican exclusivamente métodos de la medicina tradicional china; quienes se limitan a la terapia manual; quienes lo reducen todo al ejercicio; o quienes han incorporado conceptos a la fisioterapia como el reiki, la manipulación de chakras o la kinesiología para justificar tratamientos sin base científica y acabar lucrándose formativa y económicamente de los pacientes. ¿Qué está bien y qué está mal? Seguro que te lo has preguntado.

No hablo de prohibir ni de imponer un único enfoque, pero sí de exigir **una mínima coherencia profesional**. Porque cuando todo cabe bajo el mismo nombre, **la identidad de la fisioterapia se diluye**, y con ella se pierde también la confianza de quienes más la necesitan: los pacientes.

Esto no puede ser, se precisa un cambio. El respeto por la fisioterapia no se exige, se gana con trabajo, conocimiento y ética profesional. Pero estamos construyendo un sector tan disperso, tan contradictorio, que antes o después tendrá que regularse para no autodestruirse.

Y aquí lanzo una reflexión incómoda: ¿Qué pasaría si mañana un fisioterapeuta formado desde una base estrictamente científica, defensor del ejercicio activo como eje principal del tratamiento, decidiera denunciar por intrusismo a compañeros que aplican técnicas invasivas sin un respaldo sólido o que se apoyan en métodos cuestionables desde el punto de vista de la evidencia? ¿Sería el inicio del fin? ¿Dónde está la vara de medir? ¿Quién decide qué forma parte —o no— de nuestra profesión?

¿Y si fuera al revés? ¿Qué ocurriría si quienes basan sus tratamientos en técnicas invasivas, con modelos centrados en la pasividad del paciente, comenzaran a denunciar a los que trabajan desde el gimnasio, alegando que eso ya es «preparación física» y no fisioterapia? ¿Nos damos cuenta del absurdo?

Estamos creando **una profesión fracturada**, donde parece que cada fisioterapeuta inventa su propia fisioterapia. Esa falta de límites claros, de consenso sobre qué somos y qué no somos, abre la puerta al intrusismo, a la confusión del paciente y a la pérdida progresiva de identidad.

Y lo más grave es que esto no solo genera frustración, sino que alimenta una guerra interna entre compañeros, donde cada uno defiende su parcela con celo, mientras el reconocimiento externo de la profesión sigue sin despegar como debería.

Tal vez ha llegado el momento de revisar qué formaciones se avalan, qué discursos se promocionan y qué prácticas se perpetúan, porque sin una reflexión colectiva, sin un marco claro, lo que estamos haciendo es avanzar, sí, pero hacia nuestra propia descomposición.

Capítulo 8

COLABORACIÓN: LA GENERACIÓN *MILLENNIAL*, POR JOSEVI PIRIS

Consejo:

Divulgar con valor, es una forma de destacar.
Luis Escudero

Recomendación:

Las redes sociales pueden ser una herramienta poderosa o un agujero sin fondo. Todo depende de cómo las uses. En una época donde parece que hay que estar en todas partes, publicarlo todo y convertir cada caso clínico en espectáculo, es fácil perderse en el personaje y olvidarse del profesional. Por eso colaboro con gente profesional como Josevi. Porque detrás de cada publicación hay constancia, criterio y un objetivo: aportar. Y eso no se improvisa. Porque divulgar con valor te diferencia.

> Haz que te sigan por lo que haces,
> no por lo que dices.

Urbrands (2014)
RISTO MEJIDE

La fisioterapia ha cambiado radicalmente en los últimos años, y gran parte de esa transformación ha sido impulsada por una nueva generación de fisioterapeutas que ha sabido adaptarse a un mundo digitalizado, donde la presencia en redes sociales, la generación de contenido y la construcción de una marca personal han pasado de ser un extra a una necesidad.

El fisioterapeuta tradicional se ha enfrentado a un nuevo escenario en el que el conocimiento técnico ya no es suficiente. Hoy, la capacidad de comunicar, conectar con pacientes y diferenciarse en un mercado saturado son habilidades fundamentales para el éxito profesional.

En este contexto, la generación *millennial* ha demostrado ser pionera en el cambio. Esta generación ha sido testigo del paso de la fisioterapia analógica a la fisioterapia digital, del boca a boca a las estrategias de marketing *online*, de la fidelización de pacientes en consulta a la captación de pacientes en redes sociales.

Uno de los grandes ejemplos de esta evolución es **Josevi Piris**, conocido en redes como **Millennialfisio**. Josevi ha construido una comunidad digital sólida, basada en la constancia, el contenido de valor y una visión clara del impacto que el mundo *online* tiene en la fisioterapia. Su trabajo diario demuestra cómo la creación de contenido bien estructurado no solo puede posicionarte como referente en el sector, sino también abrir nuevas oportunidades laborales a través de la pantalla.

A lo largo de los años hemos conversado sobre la decadencia del modelo laboral y docente de la fisioterapia y de cómo el sistema educativo sigue formando fisioterapeutas de marca blanca.

Sin duda, este libro me ha dado la oportunidad de debatir con muchos profesionales esta necesidad de cambio y ha sido una suerte poder compartir con él reflexiones sobre la actualidad y el papel del fisioterapeuta desde nuestra visión más personal. Por eso, en este capítulo Josevi nos comparte su visión sobre el papel de la generación *millennial* en la transformación de la fisioterapia. En un formato entrevista, hablamos de los desafíos a los que se ha enfrentado, de cómo ha construido su comunidad y de qué herramientas considera esenciales para que los fisioterapeutas del futuro puedan destacar en un entorno cada vez más competitivo.

Mi sintonía con Josevi nació desde el primer momento por una razón muy concreta: compartimos una visión clara y honesta de lo que necesita la fisioterapia para crecer. Ambos creemos que el camino del cambio no pasa por disfrazarse de *influencer* debido al egocentrismo, sino por trabajar con rigor, aportar valor real y construir una profesión más sólida desde la ciencia, no desde la apariencia.

Nos une la idea de que los resultados llegan con esfuerzo, no con atajos. Y que el verdadero progreso no está en prometer que un fisioterapeuta se hará rico trabajando poco o publicando casos clínicos «milagrosos», sino en formar, divulgar y defender una fisioterapia basada en evidencias, con los pies en la tierra y los principios en alto.

Una conversación con Josevi Piris (@millennialfisio) (@josevipiris)

Luis Escudero: Para empezar ¿quién es Josevi Piris? ¿Cómo te definirías?

Josevi Piris: Hola, soy Josevi Piris, fisioterapeuta nacido en el año 1992 y graduado por la Universidad de Valencia hace ya más de diez años. Siempre me ha molado el ámbito clínico-deportivo y he tenido la suerte de trabajar en entornos muy diversos: clínica privada, mutuas, fútbol profesional... de todo. Pero desde el principio también fui muy consciente de que la fisioterapia no iba solo de tratar pacientes. Mi primer trabajo fue en una mutua y ahí ya me di cuenta de muchas cosas: de lo malas que son las condiciones laborales, de la reputación que arrastramos y de lo diferente que es el sistema respecto a lo que nos contaban en la carrera.

L: ¿Qué te hizo empezar a divulgar? ¿Cómo nace Millennialfisio?

J: Fue muy orgánico, de verdad. Pero para entenderlo bien hay que mirar el contexto. Yo llevaba ya años trabajando y viendo cosas que ni me cuadraban ni me gustaban. Sobre todo, en prácticas que realizaban otros compañeros que no me parecían éticas, como fomentar la fisiodependencia o ver la pasividad de muchos compañeros titulados que han tirado la toalla respecto a defender la profesión, respetarla y representarla con dignidad. Veía a muchos compañeros que, en lugar de promover la autonomía del paciente, lo ataban a la camilla, ya fuera por comodidad, desinterés, frustración o desconocimiento, y otros que realizaban prácticas cuestionables alejadas de la ciencia. Eso me frustraba. Así que empecé a divulgar. Vi que en otras profesiones sanitarias se hacía y pensé: ¿por qué nosotros no?

L: ¿Y en qué momento se convierte en un proyecto más serio?

J: El movimiento Millennialfisio como tal nace hace tres o cuatro años en redes, pero como academia y empresa, oficialmente, hace dos. Yo publicaba muchísimo contenido gratuito: pódcast, infografías, incluso una revista para fisios, pero sentía que era todo un poco caótico. Hasta que un amigo mío, que es experto en *marketing*, me dijo: «Tío, estás haciendo mil cosas. Júntalo todo en un mismo ecosistema, porque te va a facilitar el trabajo y también te va a facilitar la forma de cómo y qué comunicar». Ahí fue cuando decidimos que todo iría bajo ese paraguas y la marca *Millennialfisio*. Y a partir de entonces, cada contenido y cada formación empezó a tener una identidad clara.

L: ¿Cómo fue tu paso a la formación?

J: Empecé dando charlas. Luego cursos presenciales. Después cursos *online* en volúmenes altos, hasta que acabé teniendo mis propias formaciones. Pero claro, al entrar en el sector de la formación me di cuenta de que muchas empresas no tienen mensajes honestos, ni cuidan a los docentes como deberían. Así que ese mismo amigo me dijo: «¿Y si en vez de dárselo a otra empresa, lo lanzas tú por tu cuenta?». La primera formación que lancé fue una de rehabilitaciones de tobillo y funcionó. A partir de ahí, todas las formaciones *online* las gestiono yo. Y así, por necesidad y de forma orgánica, se construyó también la academia. Pero todo, insisto, fue muy natural. Hace diez años no me imaginaba nada de esto.

L: ¿Y cómo has vivido el crecimiento de tu comunidad?

J: Para mí, sin duda, es lo mejor que me llevo. No somos tantos fisioterapeutas en España, y tener una cuenta con más de 100 000 seguidores —y que la mayoría sean profesionales del sector— es algo que valoro muchísimo. Pero lo importante no es el número, sino que esa comunidad responde, se implica, te da *feedback*. Es gasolina. Me gratifica mucho que alguien me diga: «Esto me ha servido». Eso lo compensa todo.

"Hace diez años, ni de broma pensaba en crear nada de esto. Pero el camino me llevó hasta aquí. He construido una comunidad de más de 100.000 personas, donde la mayoría son fisios, sanitarios o profesionales del movimiento que encima interactuan. Eso lo más valioso de todo".

Josevi Piris

L: Josevi, llevas más de una década en la profesión y has vivido la evolución de la fisioterapia desde dentro. ¿Cómo ves esa transformación en estos últimos años?

J: Creo que la profesión ha cambiado muchísimo, pero no siempre en la dirección que yo considero correcta. Hay avances, claro, pero también muchas dinámicas preocupantes. Por ejemplo, la presencia de intrusos que siguen ejerciendo la profesión sin ningún tipo de control. Y lo que más me duele: compañeros titulados que, directamente, han desconectado de la responsabilidad que implica ser fisioterapeuta. En muchos casos se ha perdido el respeto por la profesión. Y eso, para mí, es más peligroso incluso que el intrusismo externo. Porque si desde dentro no cuidamos la fisioterapia, ¿quién lo va a hacer?

L: En ese contexto, ¿qué papel crees que juega hoy la marca personal en nuestra profesión?

J: Pues mi respuesta es «depende». Porque depende mucho de la realidad de cada uno y de la percepción personal que se tenga de entender qué es el éxito. Parece que si no estás en redes y no haces mil cosas, no puedes vivir bien de esto. Pero eso no es verdad. Si tienes un buen contexto laboral (aunque sea complicado hoy en día), no necesitas una marca personal para ser un buen profesional. Ahora, si eres autónomo, si estás empezando o si te toca construir algo desde cero, construir tu propia marca personal puede ayudarte muchísimo. Pero insisto: tiene que nacer de tu propósito, no del ego. Porque si tu marca personal se basa solo en los *likes*, estás perdido.

L: ¿Y cuál ha sido para ti el mayor error en este camino de construcción de marca?

J: Sin duda, mi mayor error durante estos diez años ha sido perder el foco. Me ha pasado muchas veces. Empiezas a compararte, a dejarte llevar por lo que hacen otros y, sin darte cuenta, estás creando cosas para gustar, no para aportar. Y ahí es cuando te desconectas de ti mismo. Mi motivación siempre ha sido ayudar a otros fisios, compartir lo que a mí me ha servido. Pero las redes son traicioneras: premian lo que retiene, no lo que es útil. Así que, si no tienes claro tu objetivo, acabas vendiéndote sin darte cuenta.

L: ¿Y el mayor acierto?

J: Tener una estrategia y cuidar la comunidad. Sin duda. Haber construido una comunidad de más de 100 000 personas, donde la mayoría son fisios, sanitarios o profesionales del movimiento.

Que encima estén activos y te respondan, es lo más valioso de todo. No es solo una cifra. Es gente que está ahí porque valora lo que haces. Y eso, para un creador que intenta divulgar ciencia y aportar contenido honesto, es gasolina pura.

A nivel de estrategia hay dos puntos que me parecen muy importantes. El primero es ser honesto con uno mismo y disfrutar de alcanzar el objetivo desde el día a día. El segundo es claro y ya lo he repetido anteriormente, y es evitar que tu única motivación sea conseguir *likes*, porque si es así, durarás muy poco o te convertirás en un *influencer* fisio sin valor.

L: ¿Cómo puede un fisioterapeuta empezar mañana mismo a trabajar en su marca personal sin sentirse abrumado por todo lo que hay que hacer?

J: Pues te voy a ser muy sincero: se empieza por no sentirse abrumado, pese a que hoy en día eso parezca prácticamente imposible. Vivimos en una era donde todo va a volumen, a hiperproductividad, a comparación constante. Y eso genera ansiedad sí o sí.

Yo mismo lo he sentido. Y, de hecho, muchas veces tengo la sensación de que hay compañeros que no me siguen en redes por eso, porque sienten que lo que hago es inalcanzable en cuanto a la productividad. Me ha pasado que alguien interactúa conmigo, hablamos, y luego voy a ver su perfil y veo que ni me sigue. Y creo que tiene que ver con esa presión que puedo generar de parecer que voy más rápido que el resto, y eso abruma. Lo sé porque a mí también me pasa con otros perfiles, así que lo entiendo perfectamente.

Entonces, como partir de cero sin agobiarse no es realista, lo importante es aceptar que el agobio va a estar ahí, pero que eso no debería ser un freno. Cada uno tiene su ritmo, su contexto y sus objetivos. Y lo fundamental es no perder el foco. No te dejes arrastrar por lo que hacen los demás, ni por lo que crees que «toca» hacer en redes. Si tienes claro tu objetivo, aunque avances lento, estarás avanzando bien.

L: ¿Y deberían los fisioterapeutas estar en redes?

J: Tener una red social con seguidores de verdad, con influencia real, no es nada fácil. Exige tiempo, constancia, energía... y no es nada agradecida. Porque además de todo eso, no premia lo que tú querrías que premie. No se valora necesariamente la calidad ni la honestidad. Lo que funciona no siempre es lo más ético.

Además, las plataformas están en constante cambio: lo que hoy funciona, mañana no. Y para estar al día tienes que estar dispuesto a renovarte, actualizarte y asumir muchas cosas que quizá ni te apetezcan. No es un camino sencillo.

Si estás en un contexto en el que necesitas visibilidad porque eres autónomo, porque estás emprendiendo o porque tu situación lo exige, puede ser una herramienta útil. Pero, como te he dicho al principio de la entrevista, depende.

L: ¿Cuál sería tu principal consejo para los fisioterapeutas que están leyendo este libro y sienten que el sistema actual no les permite crecer como les gustaría?

J: El mejor consejo que puedo darles —y aquí voy a parafrasear a Pepe Mújica, que dejó una frase que me encantó— es este: «No se cansen de ser buenos».

Porque el sistema de la fisioterapia es el que es. La fisioterapia, tal y como está estructurada hoy, no da para más. Lo lógico es que si llevas un tiempo trabajando, ya te hayas dado cuenta de que las condiciones como empleado no son las mejores. Nuestro sueldo por convenio sigue siendo bajo. Y si decides ser autónomo, lo más probable es que te toque luchar a contracorriente constantemente. Estamos en un contexto hiperprivado e hiperproductivo que constantemente te empuja a ser «el mejor», a destacar, a sobresalir… aunque eso te aleje de lo verdaderamente importante: promover la autoeficacia del paciente, no su dependencia.

Así que sí, cuesta. Pero, por eso mismo, es fundamental que no perdamos el norte. Que no nos rindamos ante lo fácil. Y, sobre todo, que no dejemos de ser buenos, aunque el contexto nos invite a lo contrario.

L: ¿Cómo podrías ayudar a todos esos fisioterapeutas que se sienten frustrados, que se sienten cansados, agostados de esforzarse en una rueda de hámster de mucho esfuerzo y poca recompensa?

J: Lo primero es entender que ese agotamiento es real y que lo sentimos muchos. Esta profesión exige muchísimo y, en muchas ocasiones, devuelve poco. Pero, dentro de esa realidad, también hay espacio para una decisión personal: cómo quieres mirar lo que te rodea. Y ahí siempre digo lo mismo: nos cuesta la misma energía ver el vaso medio lleno que medio vacío. A mí me ayuda pensar que, poco a poco, las cosas pueden cambiar. Que cada conversación como esta, cada libro como el tuyo, cada mensaje honesto que se comparte suma. Yo prefiero confiar. Confiar en que, gracias a gente que se está esforzando por hacer las cosas de otra manera —y en parte te incluyo a ti, Luis—, este sistema puede transformarse, aunque sea lentamente. No es un mensaje naíf. Es una elección. Porque si dejamos de creer que esto puede mejorar, lo damos por perdido. Y yo no estoy dispuesto a eso.

El mejor consejo que puedo dar —y aquí voy a parafrasear a Pepe Mújica, porque me encantó— es este:

"No se cansen de ser buenos"

Josevi Piris

Este capítulo nos ha mostrado que el futuro de la fisioterapia no es solo una cuestión de técnica y conocimientos clínicos, sino también de adaptación, innovación y diferenciación.

Josevi Piris es un claro ejemplo de cómo la constancia, el esfuerzo y el buen uso de herramientas digitales pueden marcar la diferencia en la carrera de un fisioterapeuta.

Los fisioterapeutas *millennials* han abierto una puerta a nuevas formas de trabajo, demostrando que el conocimiento sin visibilidad tiene poco impacto. Nos guste o no el mercado ha cambiado, y aquellos que entiendan la importancia de la comunicación, el branding y la estrategia digital tendrán una ventaja significativa en el sector.

En el siguiente capítulo, «La fisioterapia del futuro», daremos un paso más allá y exploraremos cómo la tecnología, la realidad virtual e incluso la «telefisioterapia» están empezando a transformar la forma en la que tratamos a los pacientes. La revolución digital en fisioterapia no ha hecho más que empezar.

Capítulo 9

LA FISIOTERAPIA DEL FUTURO: TRANSFORMACIÓN DIGITAL

Consejo:

La fisioterapia del futuro no será digital por
moda, lo será por necesidad.

Luis Escudero

Recomendación:

Sí, el futuro será digital, pero que no te deslumbre la pantalla. Más tecnología no tiene que significar más valor, ni más máquinas tienen que implicar más criterio. Si basas tu propuesta como fisioterapeuta solo en los aparatos que usas, lo que estás construyendo es un escaparate, no una carrera sólida. ¿De verdad crees que el mejor profesional es el que más aparatos tiene? La tecnología debe impulsarte, no definirte.

Debe ayudarte a tomar mejores decisiones, no a dejar de tomarlas. **Adáptate, evoluciona, intégrala. Pero que nunca se te olvide: el valor lo sigues poniendo tú.**

No fracases por no intentar.
Fracasa intentando.

Los 88 peldaños del éxito (2014)

ANXO PÉREZ

El capítulo anterior cierra con un ejemplo muy claro: hay fisioterapeutas que ya están haciendo las cosas de forma diferente. Que están marcando el camino hacia otra forma de entender esta profesión. Que te gustará o no, que lo hará con más o menos humor, pero que es una realidad. Este capítulo no es otra cosa que la consecuencia lógica de ese cambio que ya ha empezado.

Porque la fisioterapia del futuro no es ciencia ficción. No es una apuesta lejana ni una ilusión para dentro de veinte años. La fisioterapia del futuro está a la vuelta de la esquina. Se está gestando en silencio, en consultas pequeñas, en clínicas que apuestan por nuevas tecnologías, en profesionales que han decidido que no quieren seguir sobreviviendo en condiciones precarias.

Este capítulo es para todos aquellos que están empezando a ver que el camino tradicional ya no funciona y quieren visualizar un modelo de cambio. Para los que están cansados de acumular títulos técnicos que no garantizan estabilidad ni mejoras económicas. Para los que no quieren depender de una técnica, de una moda o de la generosidad de su jefe para vivir con dignidad.

Hace apenas unos meses, en una despedida de soltero con el grupo de amigos de la universidad —todos compañeros de la misma promoción de Fisioterapia en Valencia— surgió una conversación que me confirmó que todo esto que estaba escribiendo era ya una realidad. Sin haberles contado nada del libro, terminamos hablando de la situación actual de la fisioterapia, como tantas otras veces. Éramos cuatro en esa charla: uno de nosotros ya ni siquiera ejerce como fisio, cambió de rumbo profesional hace años. Otro vive en el extranjero, donde ha podido desarrollarse personal, familiar y profesionalmente. La tercera sigue en el sector de la fisioterapia, trabajando en una clínica privada. Y luego estaba yo, con todo esto metido y explotando en la cabeza.

Lo más potente no fue lo diferente de nuestros caminos, sino lo que nos unía: la sensación compartida de que **algo no está bien** y de que hace falta un cambio profundo. Ninguno de nosotros había recibido formación para enfrentarse al mundo real. Ninguno tenía respuestas claras, pero todos reconocíamos lo mismo: la fisioterapia necesita otro modelo.

El modelo clásico está agotado. El de la titulitis infinita. El de la espera pasiva. El de aceptar sueldos bajos por amor al arte. Todo eso nos ha llevado hasta aquí, pero no nos llevará más lejos. Decía una compañera mía: «Estoy pensando en hacer la formación de...». Y acababa con la frase: «Pero no sé si hacerla, porque no me van a pagar más en la clínica».

La buena noticia es que el cambio ya ha empezado. Pero no te confundas: **no vendrá desde arriba, no al menos a corto plazo.** No esperes que lo lideren los colegios profesionales, ni que las universidades actualicen sus planes de estudio pensando en lo que realmente necesitas para sobrevivir ahí fuera. Ojalá esto se produzca, pero tardará. Ese cambio va a venir —ya está viniendo— desde dentro. De los propios fisioterapeutas. De los que no se conforman con repetir el modelo heredado. De los que se forman en lo que de verdad marca la diferencia: **gestión, comunicación, liderazgo, estrategia.** De los que entienden que ser buen clínico es solo una parte del juego. Porque hoy, o aprendes a moverte por fuera de la camilla, o te acabas quedando dentro pero solo.

Los tres ejes del cambio vienen desde lo profesional, lo formativo y la mentalidad. Los tres ejes que esculpirán la fisioterapia del futuro.

La **primera** gran transformación de la fisioterapia del futuro se jugará en el espacio que más representa al fisioterapeuta medio. Un cambio de modelo de gestión en las propias clínicas privadas.

El profesional

El profesional de la clínica privada, ese entorno donde la mayoría de nosotros ha empezado, ha crecido o se ha estancado. Y digo «se ha estancado» porque es una realidad demasiado habitual.

Durante años, el crecimiento profesional en una clínica se ha medido por una única variable: formarse más. Y no voy a ser hipócrita, yo también he sido parte de ese sistema. Cursos, másteres, posgrados, técnicas, certificaciones. Daba igual la temática, lo importante era sumar títulos. Porque eso —decían— te daba valor, diferenciación y mejores ingresos. Pero la verdad es que nunca fue así.

Cada vez somos más los que empezamos a entender que la fórmula de «más títulos = más dinero» ya no se sostiene. No porque el conocimiento no valga, sino porque en la clínica real el paciente no te pregunta por tus diplomas, te pide soluciones. Y si lo que has aprendido no las da o no sabes comunicar ese valor, de poco sirve. La titulitis ha sido útil hasta cierto punto. Pero ha llegado a su techo. Porque la realidad es que tu jefe **no puede pagarte más.**

Es aquí donde el profesional tiene que hacer ese gran cambio y tratar de generar valor a través de proyectos internos o externos, que saquen rentabilidad a esas formaciones que con tanta ilusión ha realizado y que le generen más valor, pero sobre todo más ingresos a la clínica o fuera de ella.

Y es precisamente ahí donde se encuentra la mentalidad de «abrirse a ideas distintas».

Durante los primeros meses de 2025 tuve la oportunidad de colaborar con una empresa de tecnología que, entre otras cosas, desarrollaba soluciones de realidad virtual e inteligencia artificial. Hablando con su *key account manager* (KAM) de Alemania, me regaló una frase que no se me olvidará: «Los fisioterapeutas españoles tenéis una mirada muy corta cuando se trata de incorporar nuevas herramientas o nuevos modelos».

Esa conversación me hizo pensar. Me hizo ver que lo que yo creía que era el futuro, fuera de España ya era el presente. Que la sanidad europea se estaba llenando de una nueva mentalidad, no como un lujo, sino como una necesidad de optimización y rendimiento. Y que si nosotros no espabilamos nos quedaremos atrás.

La clínica del futuro será una clínica más eficiente, más experiencial, más inteligente. Y eso solo será posible si integramos herramientas que nos ayuden a ir más allá de las manos y de la camilla. Tecnologías como la realidad virtual, el *biofeedback* o la gamificación no son una moda: son la puerta de entrada a un nuevo tipo de fisioterapia. Más medible. Más atractiva. Más alineada con lo que esperan los pacientes (y con lo que necesitan los fisios para no quemarse). Y tecnologías como la inteligencia artificial van a ser herramientas que cambien por completo la forma de gestionar nuestro tiempo.

Tener dispositivos que permitan monitorizar el movimiento. Plataformas que combinen juego y terapia. Sistemas de evaluación digital, análisis de datos, rehabilitación inmersiva... Eso no sustituirá al profesional, sino que hará que multiplique su impacto, al igual que cuando fueron introduciéndose en su momento otras tecnologías.

Porque espero que después de leer este libro no estés pensando en tecnología de inteligencia artificial solo para la parte asistencial de la clínica: te estoy hablando de usarla para la parte de la gestión y del rendimiento de tu negocio. ¿Cómo será la gestión de las clínicas del futuro?

Lo que parece claro es que el modelo actual está en revisión. Es insostenible mantener estructuras en las que los fisioterapeutas rotan cada año, desmotivados, mal remunerados y sin sentir que crecen. Y esa realidad no solo perjudica al profesional, también al dueño de la clínica.

Por eso, cada vez más CEOs de clínicas privadas están empezando a buscar alternativas de contratación que protejan y motiven a fisioterapeutas buenos. Modelos donde el profesional no sea «un fisio más», sino parte activa del proyecto. Se empieza a hablar de planes de carrera, de incentivos, de intraemprendimiento, de participación en la toma de decisiones. Y no es casualidad.

Si no das a tu equipo un lugar donde crecer, lo hará fuera. Y muchos ya lo están haciendo. Montan su propio proyecto o directamente se van de la fisioterapia. Y eso, sinceramente, es una derrota para todos. ¿Te suena estar dándole pacientes año tras año a un fisio compañero de tu clínica, para que después se abra una clínica a 100 metros de la tuya?

Creo que la clínica del futuro será un lugar donde los fisioterapeutas no solo trabajen, sino que también quieran quedarse. Porque podrán desarrollarse, innovar, liderar proyectos o incluso crear sus propias líneas de negocio dentro o fuera del centro. Esa es la clave: dejar de pensar solo en «contratar manos» y empezar a formar parte de un ecosistema que apueste por el talento desde dentro.

Durante estos años he tenido la oportunidad de participar en muchos procesos de selección de personal de fisioterapeutas. Mi sensación es que los compañeros de profesión están muy equivocados: piden y exigen por encima del valor que pueden aportar siendo «solo fisioterapeutas», y esto es debido al desconocimiento que supone su puesto de trabajo para una clínica. Pero ¿te has planteado ofrecer algo diferente? ¿Has pensado en crear algo que aporte valor a la clínica y negociar una remuneración diferente por ello? ¿Qué le puedes aportar tú distinto de otro profesional?

Por eso creo que el **segundo** gran cambio será **formativo**. Y no solo en lo que se enseña, sino en quién lo enseña y para qué.

La formación

Hasta ahora, el modelo de formación ha sido monocorde: técnica, técnica y más técnica. Anatomía, terapia manual, ejercicio terapéutico, neurodinámica, punción seca, ecografía, invasiva y no invasiva. Un bucle que parece no tener fin. Y lo más preocupante no es que falte información, sino que falta perspectiva. ¿No estás cansado de pensar que, por más que te formes, siempre habrá algún iluminado que se «especialice» en un técnica y esta sirva hasta para ir mejor al baño?

La fisioterapia del futuro no será solo para quien sepa tratar hombros, rodillas o ATM. Será para quien sepa entender cómo funciona una clínica, cómo atraer pacientes, cómo comunicar lo que hace, cómo adaptarse al entorno, cómo liderar. Y eso no lo enseña ni el grado ni el máster ni muchos de los posgrados actuales.

Por eso, lo que viene es un cambio en el modelo de aprendizaje. Y ese cambio no lo van a liderar ni las universidades ni los colegios profesionales. No van a llegar a tiempo. Van tarde. Muy tarde.

Las que sí están despertando son las empresas de formación privada, que ya han empezado a detectar esta necesidad. Cada vez hay más programas que no enseñan técnicas, sino competencias transversales: gestión sanitaria, marca personal, *marketing healthcare,* comunicación estratégica, habilidades empresariales. Y eso, por fin, es una buena noticia.

Porque lo que un fisioterapeuta necesita para prosperar no siempre es otro curso más de terapia manual. A veces lo que necesita es saber cómo poner precio a su trabajo, cómo no dejarse explotar, cómo presentar un proyecto que le genere valor, cómo hacer que su talento se vea, cómo saber emprender en uno mismo.

Y no lo digo solo como intuición. Lo digo porque he querido ir más allá y contrastarlo. Durante los últimos meses he entrevistado a varios docentes de diferentes grados de Fisioterapia en Valencia. Profesores con cargos relevantes, con peso institucional y años de experiencia. A todos les pregunté por la posibilidad real de introducir estas competencias en el grado. Su respuesta fue unánime: es muy complicado, casi imposible a corto plazo.

Los programas están encorsetados. Las estructuras educativas son rígidas. Y aunque muchos reconocen que estas competencias ya son absolutamente necesarias, saben que no se van a poder integrar fácilmente en la formación universitaria. Esto no es una opinión, es un hecho contrastado.

Aunque pueda parecer frustrante, esto también es una oportunidad para el sector privado de formación. Porque todo lo que no se puede enseñar en el grado se va a convertir en una vía de negocio para las empresas de formación sanitaria. Cursos de gestión, programas de liderazgo, talleres de *marketing*... Todo eso ocupará el espacio que la universidad no ha podido cubrir.

Y aunque esa situación refleje una carencia institucional, también marca el nacimiento de una nueva etapa: la del **fisioterapeuta estratégico**, que ya no se forma solo para saber más, sino para vivir mejor, trabajar mejor y decidir mejor.

Y llegamos al tercer eje, tal vez el más invisible pero el más potente: el cambio de mentalidad.

La mentalidad

La fisioterapia no va a cambiar por decreto. Va a cambiar desde abajo. Desde la consciencia. Desde la ruptura. Desde el hartazgo de quienes están empezando y ya no quieren repetir los errores de los que llegaron antes.

Durante años se ha romantizado tanto la vocación, que nos han hecho creer que aguantar sueldos bajos, jefes malos y horarios imposibles era parte del camino. Que formar parte del «equipo» ya era suficiente. Que si amabas lo que hacías, no importaba cuánto te pagaran por hacerlo.

Pero eso se acabó. Los fisioterapeutas jóvenes están despertando. Están más informados, más formados y menos dispuestos a tragar con la precariedad heredada. Ya no basta con amar la fisioterapia: ahora se exige que también se pueda vivir bien de ella.

Y ahí es donde nace el cambio más poderoso. No es un cambio solo técnico, ni académico, ni empresarial. Es un cambio cultural.

Un fisioterapeuta que exige un plan de carrera. Que quiere una clínica donde crecer. Que no acepta contratos basura ni porcentajes ridículos. Que si hace falta monta su proyecto. Que no tiene miedo a negociar ni a decir que no. Ese fisioterapeuta no solo mejora su vida: está salvando la profesión entera.

Porque si este cambio no se da, la fisioterapia corre el riesgo de morir como proyecto profesional viable. Ya lo estamos viendo: compañeros que se van a otra profesión. Que se reconvierten. Que tiran la toalla. No por falta de talento, sino por falta de esperanza.

Pero yo no creo que eso vaya a pasar. Yo creo que estamos cerca de un punto de inflexión. Que lo que antes era una queja aislada, ahora se está convirtiendo en una conversación común. Yo trato de practicar con el ejemplo, intento no quedarme quieto y procuro que los que me rodean no paren. Proponer, crear, montar planes estratégicos de nuevos servicios, proyectos... Que ya no seamos dos o tres los que hablamos de esto en voz alta. Que haya un germen de cambio real, generacional y, sobre todo, que sea imparable.

Un cambio que si se cuida, se alimenta y se comunica bien, llegará incluso a las políticas sanitarias. Un cambio que obligará a mirar de frente a la fisioterapia privada y a que la pública la reconozca, la apoye, entienda que el futuro del sistema sanitario también depende de que la fisioterapia esté viva y fuerte y sea respetada.

Y eso no empieza en una ley. Ni en una mesa institucional. Empieza en ti.

VIEJA MENTALIDAD

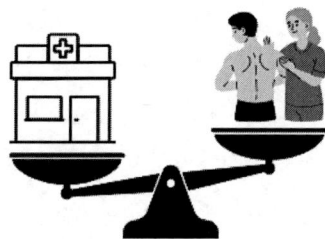

"Cuando creías que necesitabas más a la clínica de lo que ella te necesitaba a ti, perdías el control."

NUEVA MENTALIDAD

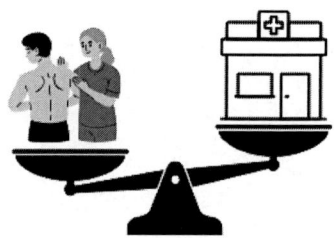

"El futuro empieza cuando el fisioterapeuta se reconoce como el motor del cambio."

Imagen: propia

Capítulo 10

REFLEXIÓN FINAL: NO TODO ESTÁ PERDIDO

Consejo:

Si no te mueves, las oportunidades no llegan.

Luis Escudero

Recomendación:

Quizá a lo largo de estas páginas has encontrado ideas que te rondaban la cabeza, pero que nadie había puesto en palabras. O puede que hayas sentido por fin que no eras el único que estaba frustrado con cómo está planteado todo esto. Y eso, lejos de ser negativo, es el principio de algo poderoso. Porque el inconformismo bien entendido, si sabes dirigirlo, es el principio del cambio. No se trata de quejarse sin más, sino de no resignarse a una carrera profesional mal diseñada. Sal ahí fuera, muévete, escucha, pregunta, conecta. A veces, una charla, un mensaje o un café inesperado pueden abrir más puertas que diez másteres. Las oportunidades no llegan llamando a la puerta de casa, se encuentran en el camino. Pero para eso, tienes que moverte.

El inconformismo bien dirigido no es rebeldía, es evolución.

Inconformistas (2015)

JOSEF AJRAM

Estas frases con las que empiezo los capítulos no son frases de ningún autor clásico, ni con ellas he pretendido darme un aire de culto. De hecho, no me considero un gran amante de la literatura clásica, de las novelas históricas o lo de los grandes autores. Pero las he elegido con intención, porque conectan con mi manera de pensar y con el mensaje que quiero transmitirte. Siempre he intentado rodearme de ideas que encajen con mi momento vital, más que de grandes nombres con siglos de prestigio.

A lo largo de los años he ido formando una pequeña biblioteca muy personal, hecha de libros que, sin ser académicos, han respondido a preguntas que me hacía, que me acompañan en esta búsqueda constante de dirección y que, de alguna forma, me han ayudado a entender cómo controlar una mente inquieta, la cual no me ha dejado disfrutar del momento en muchas ocasiones por estar pensando en la siguiente jugada. Frases como estas me han ayudado a entender que, para encontrar el foco, primero hay que parar y hacerse las preguntas correctas, pero que siempre hay que tratar de disfrutar del camino.

Hace muchos años, en una actividad de grupo con muchos de mis mejores amigos, jugamos a tratar de definirnos con una sola palabra. Digamos que debía ser como un «apellido extra», que nos definiera según el resto nos veía. A mí me definieron con el sobrenombre de «Enfocado». Y, probablemente, tenían razón. Dicen que cuando algo se me mete en la cabeza, es difícil que lo suelte. Y si a eso le sumas que no sé quedarme quieto, se entiende por qué salgo a buscar oportunidades si estas no llegan.

Desde hace un par de años cierro los artículos de mi *newsletter* de LinkedIn con una frase que ya siento como parte de mi forma de ser:

¡Al foco y a por la estrategia!

Porque sin foco y sin estrategia es difícil saber hacia dónde vas. Y este capítulo trata precisamente de eso.

En la vida hay momentos en los que el ruido exterior se apaga y solo queda el eco de nuestras propias preguntas. ¿Estoy donde quiero estar? ¿Hacia dónde me dirijo? ¿Estoy construyendo algo con sentido o simplemente sobreviviendo a lo que venga? Eso yo lo conozco y lo llamo hacer una **revisión de vida.**

Y no, no es algo que deba hacerse únicamente en los momentos oscuros, cuando todo se tambalea o parece desmoronarse. Lo curioso —y quizá lo más importante— es hacerla cuando todo va bien. Porque es precisamente en la estabilidad, cuando parece que hemos alcanzado cierta cima, donde podemos perder la capacidad de ver qué hay más allá. Y eso fue lo que me ocurrió a mí.

Durante una etapa feliz de mi vida, trabajando con estabilidad, sintiéndome valorado y rodeado de buenos compañeros, empecé a sentir una inquietud sutil pero insistente: **«esto no va a durar para siempre».** No porque algo fuese mal, sino porque conocía la temporalidad de trabajar en el mundo del fútbol y empecé a visualizar un futuro donde las reglas del juego ya no me gustaban.

Fue entonces cuando decidí prepararme de otra forma. En esa decisión de anticiparme opté por hacer el MBA en Gestión y *Marketing*, y no desde el miedo, sino desde la visión. Sin darme cuenta, desde lo más profundo de mi ser, sabía que estaba plantando la primera semilla para salir del mundo de fútbol.

Comprendí que seguir en piloto automático, aunque fuese cómodo, me iba a llevar a un lugar que no había elegido conscientemente. Y eso es lo que te invito a hacer. Las revisiones de vida son el primer paso para decidir si donde estás es donde querrías estar en los próximos diez años, porque sin una dirección clara, cualquier camino te dispersa.

A través de estas revisiones de vida, yo tuve la suerte de **darme cuenta siendo feliz de que el futuro me deparaba situaciones y condiciones que yo no quería.** Estas revisiones de vida no suelen ser buscadas. Han sido en lugares donde he sido feliz y he podido parar a reflexionar. Un banco asturiano, la caída del sol, un café con hielo de un café con hielo en Denia o un simple autobús recorriendo España han sido momentos en los que he podido detenerme y darme cuenta de que tenía que prepararme de forma diferente para no acceder a un mercado saturado, pobre de oportunidades y con un modelo de futuro que no me gustaba.

Si este libro te ha servido de algo, espero que no sea solo por lo que lees, sino por lo que representa: es un ejemplo práctico de todo lo que predico. Esta obra no nace del vacío ni de un momento de iluminación repentina. Es la consecuencia directa de haber aplicado, paso a paso, los conceptos que defiendo en sus páginas: análisis, estrategia, posicionamiento, diferenciación y gestión de marca personal.

Y, como muestra de ello, me gustaría compartir contigo algo poco habitual en un cierre: **la misión, visión, valores y el análisis DAFO** de este mismo proyecto. Porque lo que no se analiza, no se mejora. Y porque la estrategia, si no se aplica a uno mismo, se convierte en teoría muerta.

La **misión** de este libro es servir de manual y brindar herramientas reales, prácticas y aplicables a profesionales sanitarios

—especialmente fisioterapeutas—, tanto si van a emprender un camino profesional como si llevan años luchando en él. Para que puedan construir una carrera con propósito, viabilidad económica y sostenibilidad emocional, superando la frustración que genera el sistema actual.

La **visión** es que se convierta en una referencia cíclica de consulta para estudiantes, profesionales y docentes, y en una semilla de cambio en la forma de enseñar y afrontar el trabajo sanitario en España. Como digo en algún capítulo anterior, es un manual de la realidad, realizado en 2025, que a mí me hubiera gustado conocer al salir de la carrera.

Los tres **valores** que considero más prácticos para ti sobre mi libro son:

* **Veracidad:** Este libro está escrito sin trampa ni cartón. No hay adornos. Aquí te hablo como lo haría en una conversación real: con claridad, con crudeza cuando hace falta y desde la experiencia vivida. Porque la fisioterapia —como cualquier profesión sanitaria— ya tiene suficientes capas de maquillaje institucional como para que encima tú y yo nos engañemos entre nosotros. Lo que encuentras aquí es mi verdad, basada en más de una década de errores, aciertos, despidos, aprendizajes, frustraciones y decisiones. Y si algo tiene valor en este libro es precisamente eso: que no te lo cuenta un gurú desde la distancia, sino un compañero desde dentro.
* **Acción:** La teoría no cambia vidas. Las decisiones sí. Por eso, cada capítulo está planteado no solo para que entiendas lo que pasa, sino para que actúes. He tratado de convertir cada aprendizaje en una herramienta, cada historia en una estrategia y cada frustración en una posibilidad de mejora. Este no es un libro que se subraya y se guarda en una estantería. Es un manual para mover ficha. Para dar pasos, aunque no tengas todo claro. Para dejar de esperar que alguien venga a solucionarte la

vida laboral. Porque el cambio empieza contigo, y cuanto antes lo aceptes, antes dejarás de sobrevivir y empezarás a construir.

• **Vocación:** Si estás aquí es porque sientes algo por esta profesión. Aunque a veces duela, aunque haya días en los que te plantees tirar la toalla, algo dentro de ti te dice que quieres dedicarte a esto. Yo también lo siento. Y precisamente por eso he escrito este libro: para que tú avances más rápido de lo que avancé yo. Para que no tropieces con las mismas piedras. Para que entiendas que el conocimiento solo tiene valor si se comparte, si se pone al servicio de los demás. Esa es mi forma de entender la vocación: no como un sacrificio ciego, sino como la voluntad de dejar el camino un poco más claro para quien viene detrás.

Y como en todo proyecto, he realizado un **DAFO** del propio libro. Que no escondo y te muestro con detalle, porque como te mostré en el capítulo de mi metodología RECI, sin control, no hay resultados.

FORTALEZAS	DEBILIDADES
Enfoque práctico y útil.	Segmentación muy específica del público objetivo.
Basado en experiencia real.	Formato híbrido (narrativa + técnico) difícil de «vender en una frase».
Estilo directo y cercano.	Requiere contexto para entender su valor.
OPORTUNIDADES	**AMENAZAS**
Cubrir un vacío formativo real.	Rechazo por sectores tradicionales (universidades, colegios, clínicas clásicas).
Potenciar el crecimiento personal.	Dificultad para monetizar.
Desarrollo profesional.	Dificultad para posicionarlo editorialmente.

Este ejercicio es una invitación a que analices tu propia situación. ¿Por qué no haces tú lo mismo con tu carrera profesional? ¿Y si escribes tu propia misión? ¿Y si analizas tu DAFO personal?

Las profesiones sanitarias son, probablemente, uno de los valores más sólidos que tiene nuestra sociedad. Están sostenidas por personas que decidieron dedicar su vida al cuidado de otros. Pero no por eso debemos aceptar que esa vocación sea excusa para la precariedad, el abandono o la frustración.

Este libro se titula *ADE rico, FISIO pobre* no por provocación, sino por necesidad. Porque refleja una realidad que debe cambiar. Pero no cambiará sola. Por eso, si eres fisioterapeuta o profesional sanitario, te hago una petición directa: **enciende la llama dentro de la entidad en la que trabajes.** Llévala tú, con tu voz y tus acciones. Promueve charlas, cursos, talleres. Participa. Forma parte activa del cambio. Porque la fisioterapia del futuro no puede depender de planes de estudio obsoletos ni de modelos laborales del siglo pasado.

Y si estás leyendo esto con dudas, o incluso sintiéndote perdido, quiero que te quedes con esto: **no necesitas ser un genio para construir tu camino, necesitas constancia, estrategia y rodearte de gente que te impulse.** La suerte está sobrevalorada. Lo que marca la diferencia es lo que estés dispuesto a invertir en ti mismo.

No compres el discurso fácil que se ha viralizado actualmente de «trabaja poco y hazte rico». No te creas que el algoritmo lo va a solucionar todo. No esperes a que la solución venga de fuera o de algún charlatán que quiera hacerte creer que te va a cambiar la vida. El único que puede hacer eso eres tú.

El conocimiento ya está inventado. Las herramientas están a la vista. Lo que marca la diferencia es cómo las adaptas tú. Cómo las aplicas.

Cómo las integras en tu historia personal y profesional para que dejen de ser ideas y se conviertan en resultados.

Hoy, al terminar este libro, siento que lo que comenzó en un autobús recorriendo España como un intento de poner orden a mis propias ideas se ha convertido en una especie de legado. No un legado por lo grandioso, sino por lo necesario y por lo útil.

He intentado que este libro sea un espejo, un mapa y una caja de herramientas. Y si al menos te ha servido como uno de los tres, me doy por satisfecho.

Ahora, te toca a ti.

Porque si no te mueves, las oportunidades no llegan.

Esta frase seguro que es de alguien y le pido perdón por atribuírmela, pero estoy convencido de que el cambio empieza asumiendo esta realidad.

Déjame cerrar el libro con una reflexión que, aunque breve, encierra todo el porqué de estas páginas. Uno de los mayores regalos que me ha dado escribir este libro fue encontrar, casi por casualidad, una frase que cambió por completo la forma en la que entendía mi propio camino:

«Cuanto mayor es la diferencia entre lo que soy y lo que debería ser, más intensa es la emoción negativa que siento». (Higgins, 1987).

La formuló el psicólogo E. Tory Higgins en 1987, dentro de su *Self-Discrepancy Theory: A Theory Relating Self and Affect* ('*Teoría de la Discrepancia del Yo: una teoría que relaciona el yo y la emoción*').

Higgins diferenciaba tres versiones del «yo»:

- El «yo real» (quien eres hoy).
- El «yo ideal» (quien desearías ser) .
- El «yo que debería» (quien sientes que deberías ser, según las expectativas externas).

Comprender esta triple identidad me ayudó a ver por qué tantos fisioterapeutas —incluyéndome— sentimos y hemos sentido frustración, miedo o agotamiento: porque vivimos atrapados entre lo que somos, lo que soñamos ser y lo que creemos que deberíamos ser para cumplir con todos.

Este libro ha sido, en el fondo, una forma de reconciliar esas versiones de mí mismo y de invitarte a hacer lo mismo. Porque aquí no hay recetas mágicas ni finales perfectos. Pero sí hay un mensaje claro: si no te mueves, las oportunidades no llegan. Romper con lo establecido, cuestionar el sistema, construir tu propio camino... es difícil, sí, pero también es el único camino para acercarte a lo que podrías ser. La diferencia entre conformarte o transformarte está en una decisión. Ojalá este libro te haya dado las herramientas y, sobre todo, el valor para tomarla.

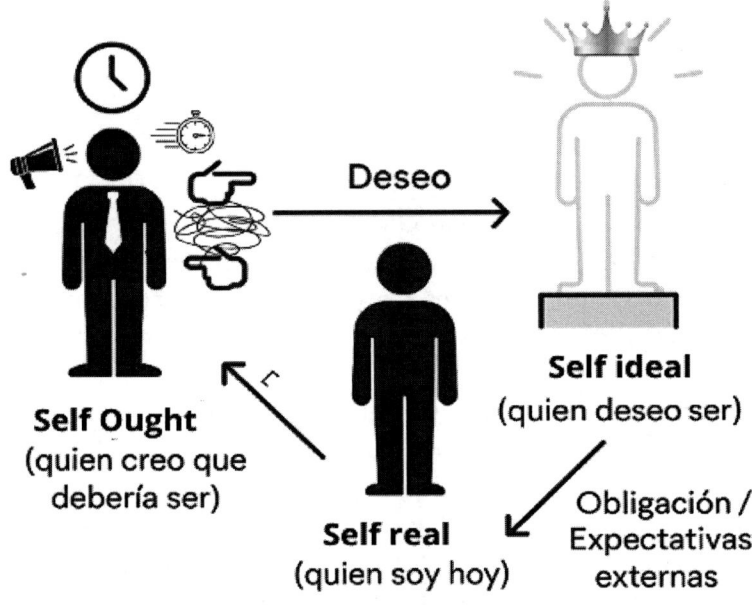

Imagen: propia

¡Al foco y a por la estrategia!